Bodo Janssen

# Stille

Bodo Janssen

# STILLE

## Weil nur in ihr Veränderung entsteht

ARISTON

Bibliografische Information der Deutschen Bibliothek

Die Deutsche Bibliothek verzeichnet diese Publikation in der Deutschen Nationalbibliografie; detaillierte bibliografische Daten sind im Internet unter www.dnb.de abrufbar.

MIX
Papier | Fördert gute Waldnutzung
FSC® C004378

Penguin Random House Verlagsgruppe FSC® N001967

4. Auflage


Vermittelt durch Agentur Stefan Linde
Redaktion: Regina Carstensen
Illustrationen: Isabel Klett, Barcelona
Umschlaggestaltung: Hauptmann & Kompanie Werbeagentur, Zürich, unter Verwendung eines Fotos von © Kay Blaschke
Satz: Satzwerk Huber, Germering
Druck und Bindung: PBtisk, a.s., Příbram
Printed in Czech Republic

ISBN: 978-3-424-20250-2

*Wenn man seine Ruhe nicht in sich selbst findet,*
*ist es zwecklos, sie anderswo zu suchen.*
François de La Rochefoucauld

*Lebe im Jetzt, höre mit dem Herzen,*
*säe Mut und ernte Weisheit.*
Özden

# Inhalt

# Einladung
# Wie aus der Stille eine Revolution wurde

Immer wieder wurde ich gefragt, ob ich denn nicht mal etwas Konkretes zu Papier bringen könne, etwas, das einem beim Suchen und Finden wahrer Identität begleiten könne. Und so entstand dieses Übungs- oder Praxisbuch, eines, das einen Weg zur Selbstfindung in und durch die Stille eröffnet. Mit der Stille habe ich meine besonderen Erfahrungen gemacht, über viele Jahre.

*Die stille Revolution* war mein erstes Buch, es erschien 2016. Danach folgten der gleichnamige Film und vier weitere Bücher. Laut dem Magazin *Harvard Business manager* habe ich als Unternehmer in »beeindruckendster« Weise einen »Wandel in der deutschen Managementgeschichte« beschritten. Dieser unternehmerische Wandel war verbunden mit einer persönlichen stillen Revolution, mit einer Sehnsucht, die sich vor gut zehn Jahren in mir entwickelte. Aufgrund ganz unterschiedlicher Erlebnisse war es mir wichtig geworden, Menschen zu stärken, ihnen Wege aufzuzeigen, um aus einer vermeintlichen Abhängigkeit heraus in eine Eigenverantwortung zu kommen. Ich hatte mir vorgenommen, sie zu ermutigen, sich den Herausforderungen ihres Lebens zu stellen, anstatt vor ihnen zu flüchten.

Aber wo war genau dieser Wendepunkt in meinem Leben? Dieser eine Moment, in dem alles seinen Anfang nahm, in dem mir bewusst wurde, worum es in Zukunft gehen sollte? Auf der Suche nach einer Antwort erinnerte ich mich an eine Situation in einem Benediktinerkloster. Ich saß damals nach einer desaströsen Mitarbeiterbefragung völlig erschöpft und frustriert zum ersten Mal in meinem Leben auf einem Meditationshocker und machte meine erste Erfahrung damit, in die Stille zu gehen. Es fiel mir nicht leicht, es in diesem Raum auszuhalten, in dem nicht ein einziges Geräusch zu hören war. Außer das Ein- und Ausatmen der anderen, die ebenfalls meditierten. Auf der einen Seite hatten die in der Stille aufkommenden Gedanken und Gefühle etwas Bedrohliches, auf der anderen Seite ließen sie mich aber auch ganz leise erahnen, welche unbändige Kraft, Kreativität und Freiheit, aber auch welche Ruhe und welch innerer Frieden in ihr steckte.

In jedem Fall reichten meine ersten Berührungen mit der Stille aus, um es später auch zu Hause zu versuchen – inmitten eines familiären Alltags und mithilfe einer Meditationsbank, die mir meine Frau schenkte. Anfangs ging ich aber nicht konsequent vor, zog mich nur sehr unregelmäßig in eine »andere Welt« zurück. Doch je mehr ich diese Stille praktizierte, umso mehr merkte ich, wie gut sie mir tat. Schon bald wurde der tägliche Weg in die Stille für mich zu einem festen Ritual. Und schließlich erkannte ich sogar, dass es auf meiner Liste der dringend zu erledigenden Dinge nichts Wichtigeres geben durfte, als im gewohnten Tagesablauf regelmäßig innezuhalten.

Das, was uns dem gelingenden Leben ein bisschen näher bringt, ist das Bewusstsein darüber, was das Leben für mich bedeutet und wer wir sind. Und der Weg zu diesem Bewusstsein führt durch das Unterbrechen unserer Rastlosigkeit, durch die Stille. Sie ist wie ein unverzichtbarer Wegweiser zum Selbst. Sie weist mir den Weg zu den Orten, an denen ich Antworten auf die wichtigen Fragen des Lebens finde. Denn wo die Gedanken still geworden sind, bekommt die Wahrheit die Chance, im Schweigen gehört zu werden. Und so hilft mir die Stille dabei, mich wieder daran zu erinnern, wer ich wirklich bin oder worum es in meinem Leben wirklich geht. Verbunden ist damit die Selbsterkenntnis, das Gewahrwerden dessen, was mir dabei hilft, in allen Lebenslagen ruhig und gelassen zu bleiben. Es gibt keine stärkere Macht, als die eigene Wahrheit zu erkennen und mit ihr in Verbindung zu stehen.

Aber mit Stille, das lernte ich jedoch erst mit der Zeit, ist nicht nur Meditation gemeint. Vielmehr bedeutet Stille auch, sich zurückzuziehen, sich vom Alltag, von den nach mir greifenden Händen, von Menschen, die mich gerade fordern, von Aufgaben, die dringend gelöst werden müssen, abzugrenzen. Mich stattdessen in die Lage zu versetzen, mein Herz zu öffnen und auf das zu hören, was mir meine innere Stimme, die Natur, das Leben oder ein weises Buch zu sagen haben.

## Lass dir nichts von anderen einreden

Meine Sehnsucht ist auch die vieler anderer Menschen. Sie besteht letztlich darin, ein Leben zu leben, das ich so gestalten kann, wie es mir persönlich wichtig ist. In dem ich authentisch, ursprünglich und wahrhaftig sein darf und mich nicht dauernd verstellen muss. Es ist ein Leben, das ich als würdevoll empfinde, das meiner ureigenen Natur entspricht, mit allen Fähigkeiten und Mängeln, und das ich als meiner Persönlichkeit angemessen ansehe. Ein Leben im Einklang mit sich selbst, das von innerer Ruhe und Freiheit und nicht von den Wünschen und Vorstellungen anderer bestimmt wird. Doch nahezu täglich begegnen mir Menschen, für die sich ihr Dasein anders anfühlt und die den tiefen Wunsch haben, aus dem Hamsterrad, dem ganz alltäglichen Wahnsinn auszubrechen. Ihnen ist es einfach zu viel. Viel zu viel. Sie fühlen sich wie Marionetten, deren Fäden an den E-Mails, Onlinekonferenzen, Besprechungen, Kollegen, Chefs oder den Bedürfnissen und Verpflichtungen gegenüber einer mehrköpfigen Familie aufgehängt sind. Oder sie leiden darunter, dass sie von Wichtigtuern, Undankbaren, Neidern oder Besserwissern umzingelt sind. Mobbing, Fake News oder auch andere ständig auf sie einprasselnde Nachrichten rauben ihnen die letzte Kraft.

Wie schön wäre es, wenn wir die Fäden unseres manchmal marionettenhaften Daseins einfach durchtrennen könnten. Wenigstens für den Moment, um all das, was uns zur Last fällt, mal für eine Weile loszuwerden. Oder wenn wir Fähigkeiten und Gewohnheiten entwickeln würden, die uns von dem für uns immer stärker werdenden Druck befreien. Und einmal ohne diesen Druck einfach im Hier und Jetzt zu sein. Gegenwärtig zu sein. Mit Lebendigkeit, Vitalität, Unbekümmertheit und unverstellter Lebensfreude.

Doch wer sein Wohlbefinden von einer Wunschwelt abhängig macht, hat schon verloren. Vor allem Lebensfreude! Dafür haben wir einfach zu wenig Einfluss auf das, was um uns herum geschieht. Es geht also um die Frage, wie ein Leben möglichst unabhängig von diesen äußeren Faktoren – seien es Chefs, Kolleginnen, gesellschaftliche Vorgaben, Krisen oder andere Probleme – gelingen kann. Wie schön wäre es doch, jeden Tag ein bisschen freier von der Meinung anderer Menschen zu leben! Oder wie toll wäre es zum Beispiel, sich von dem Zwang zu befreien, andere Menschen beeindrucken zu müssen oder gar zu wollen! Andere hätten dann plötzlich überhaupt keine Macht mehr über mich. Ein faszinierender Gedanke.

Und dabei will ich dich mit diesem Buch unterstützen: dass du in der Stille dein Denken, Fühlen und Handeln auf deine ganz persönliche Entwicklung ausrichtest. Dass du dir deiner Eigenschaften, deiner Selbst-, Menschen- oder Weltbilder noch bewusster wirst. Dass du Fähigkeiten, Gewohnheiten und innere Bilder entwickelst, die dir dabei helfen, dein Wohlbefinden trotz zum Teil widriger Umstände im Leben zu bewahren. Und zwar möglichst unabhängig davon, was um dich herum geschieht. Aus diesem Grund ist das Format dieses Buchs bewusst klein gehalten, du kannst es als permanenten Wegbegleiter durch das ganze Jahr betrachten.

## Darauf lässt du dich ein

Um den Übungen einen Rahmen zu geben, habe ich für jeden Monat im Jahr einen Begriff ausgewählt. Dabei handelt es sich um Werte, Tugenden oder Emotionen, die hinsichtlich meiner persönlichen Entwicklung, aber auch für die meiner Mitmenschen oder des Unternehmens von besonderer Bedeutung waren. Was alle Begriffe miteinander vereint, ist, dass ich mit jedem von ihnen wichtige Ereignisse meines Lebens verbinde. Doch der Wert, die Bedeutung dieser Erlebnisse waren nicht immer sofort erkennbar, und so brauchte es immer wieder den Rückzug in die Stille, um herauszufinden, wofür diese zum Teil auch leidvollen Erfahrungen gut waren. Und so möchte ich auch dich mit jeder Geschichte dazu einladen, deine bisherigen oder zukünftigen Lebensereignisse zu betrachten.

Jede von mir erfahrene Geschichte ist mit vier Fragen, zwei Aufgaben und einer Übung verknüpft, mit denen ich dich einlade, dich regelmäßig in die Stille zurückzuziehen.

# Inspiration

*Löse die Rätsel deines Lebens und finde heraus, wie und wo du deine Gelassenheit wiederfindest …*

## Herausfinden, entwickeln und üben

Es geht hier nicht darum, irgendetwas zu erreichen, irgendwo anzukommen (außer in der Gegenwart) oder zu gewinnen. Das gute Leben ist etwas, was täglich geschieht, und nicht etwas, was wir ein für alle Mal erreichen können. Und so ist das hier auch keine Einladung zu einem Wettkampf! Weder mit dir selbst noch mit anderen. Vielmehr geht es darum, sich immer ein bisschen weiterzuentwickeln, einiges zu üben, einzuüben, auszuprobieren und vielleicht auch das eine oder andere über sich herauszufinden. Das Bild, das ich gerne dafür verwende, ist das des Rätsellösens oder des Geheimnislüftens. Mit dem Lösen eines Rätsels verbinde ich eine Leichtigkeit, aber auch etwas Spielerisches, und ich kenne viele Menschen, die in ihrer Freizeit gerne Rätsel lösen. Wieso also nicht auch die Rätsel meines Lebens? Mit dem Lüften eines Geheimnisses assoziiere ich wiederum Abenteuer und kindliche Neugier. Vielleicht sprechen dich diese Bilder an.

## Reifen und begreifen

Jeder Mensch reift. Ob er will oder nicht. Jedes Erlebnis und die Art und Weise, wie wir darauf reagieren oder damit umgehen, führt dazu, dass wir als Mensch reifen. Täglich. Doch Reifen ist etwas, was an uns geschieht. Es ist nichts, worüber wir tatsächlich und bewusst verfügen können. Das ist ein bisschen wie bei einem Apfel im Garten. Ich kann ihn zwar hegen und pflegen, aber reifen muss er selbst.

Die Reife eines Apfels zu erkennen, fällt uns relativ leicht. Spätestens wenn wir von ihm kosten, wissen wir Bescheid. Aber welcher Fähigkeiten und Eigenschaften bedarf es, um uns unserer Reife bewusst zu werden?

In einer alten Geschichte fragt der Schüler den Meister danach, was er für seine Erleuchtung tun kann.

Daraufhin antwortet der Meister: »So wenig, wie du tun kannst, dass die Sonne am Morgen aufgeht.«

»Aber was nützen dann die geistigen Übungen, die du verordnest?«, will nun der Schüler wissen.

»Damit du beim Sonnenaufgang nicht schläfst.«

## Hoffen, spielen und leben

Wieso gehen Menschen in ein Stadion und sehen sich ein Fußballspiel an? Weil sie das Ergebnis nicht kennen. Ähnlich verhält es sich auch mit den Spielern einer Fußballmannschaft. Obwohl sie alles dafür getan haben, um das Spiel zu gewinnen, wissen sie nicht, ob es tatsächlich eintreten wird. Erst diese Unvorhersehbarkeit ist es, die den Weg ins Stadion oder auf den Fußballplatz für sie attraktiv macht. Alle aus einer Mannschaft hoffen, dass es für sie gut ausgehen wird. Gleiches gilt für andere Spiele, egal ob Gesellschafts-, Geschicklichkeits- oder Glücksspiele. Alle üben deshalb eine Faszination auf uns aus.

Wenn wir spielen, fühlen wir uns lebendig. Aber was ist das, was uns lebendig fühlen lässt? Es ist die Hoffnung auf etwas, über das wir nicht verfügen können. Die Hoffnung, gepaart mit dem Erstaunen, in genau dem Moment, in dem das von uns ersehnte Ergebnis eintritt. Hoffnung entsteht besonders dann, wenn wir nicht über das Ergebnis unseres Einsatzes bestimmen können. Wenn wir keinen finalen Einfluss darauf haben, nicht darüber verfügen können, ob alles so eintritt, wie wir uns das vorstellen oder wünschen, egal, wie hart wir daran gearbeitet haben.

Und so verhält es sich auch mit dem Ausblick auf ein Jahr, einen Monat oder einen Tag. Wir haben die Hoffnung, dass etwas geschieht, strengen uns an, tun alles dafür, um dieses von uns angestrebte Ergebnis oder die von uns anvisierte Entwicklung zu erzielen. Aber ob es tatsächlich eintritt, liegt nicht allein in unserer Hand. Doch letztendlich macht das den Reiz aus, den Reiz des Lebens.

Hoffnung ist die Voraussetzung, um das Leben zu spüren. Welche Hoffnungen hast du für dieses oder das nächste Jahr? Oder im Umgang mit diesem Buch? Sei dir bewusst, dass du nicht völlig darüber verfügen kannst, was tatsächlich bei all deinen Anstrengungen herauskommt. Aber beginne jedes Jahr, jeden Monat und jeden Tag mit dieser Hoffnung.

## Üben und gewöhnen

Für ein gelingendes Leben sind nicht nur unsere Gedanken und Meinungen entscheidend, sondern ganz besonders unser tägliches Handeln. Mit unserem Handeln können wir uns Gewohnheiten aneignen, die uns frustrieren oder körperlich und seelisch belasten. Oder wir können uns Gewohnheiten aneignen, die uns innerliche Zufriedenheit, Ruhe, Klarheit und Kraft schenken. Das Verheißungsvolle wie aber auch Bedrohliche ist, dass wir uns auf unsere Gewohnheiten jederzeit verlassen können – egal, ob sie positive oder negative Folgen nach sich ziehen. Die gute Nachricht aber ist, dass es allein in unserer Macht steht, für welche Gewohnheiten wir uns entscheiden. Im Anhang findest du eine Liste mit Verhaltensweisen, die dich, regelmäßig geübt, in eine gute Richtung führen werden.

## Verbinden und wachsen

Begleite ich die Teilnehmer unser Lerneinheiten in unserem Unternehmen (wir nennen sie Curricula) oder meiner Klosterkurse im Team Benedikt, erfahre ich immer wieder, dass manche von ihnen, nachdem sie voller Begeisterung und Tatendrang zurück nach Hause gefahren sind, nur wenige Tage später schon wieder genauso ernüchtert wie frustriert alles hinschmeißen wollen. Die Ursache dafür ist, dass all das, was sie in ihrem Kurs im Kreis von Gleichgesinnten miteinander besprechen, klären und erarbeiten konnten, bei Familienmitgliedern, Chefinnen oder Kollegen im Betrieb nicht nur auf taube Ohren stößt, sondern nicht selten sogar belächelt wird. Oder um in einem Bild zu sprechen: Im Schutze einer (Lern-)-Gemeinschaft wächst in diesen Menschen ein kleines Pflänzchen, das, sobald es aus dem Schutz der Gleichgesinnten heraustritt, der Gefahr ausgesetzt ist, in den Wirrungen des Alltags wieder zertreten zu werden. Es hat den äußeren, häufig rauen Rahmenbedingungen nichts entgegenzusetzen.

Was wir also zum Wachsen und Reifen brauchen, ist ein geschützter Raum, ein Raum für inneres Wachstum. In unseren Curricula verwenden wir dafür gerne das Bild von einem Gewächshaus. Ein Gewächshaus ist ein Ort, an dem für das noch junge und zarte Pflänzchen optimale Bedingungen herrschen, damit es so weit heranwachsen kann, bis es auch in der freien Natur zurechtkommt. Aber ein solches Gewächshaus ist nicht nur ein fester Ort, es etabliert sich auch dann, wenn mindestens drei gleichgesinnte Menschen regelmäßig zusammenkommen. Und so könnte es vielleicht eine Idee sein, sich mit anderen Lesern dieses Buchs zusammenzuschließen, um kontinuierlich über Impulse, Fragen und Texte zu philosophieren oder um sich über die mit den Übungen gemachten Erfahrungen auszutauschen. Und um gemeinsam zu wachsen.

## Schweigen und meditieren

Wenn es im Leben dann doch bei irgendeiner Sache darum geht, irgendwo anzukommen, dann ist es die Gegenwart. Gegenwart bedeutet, dass ich mich gegen das Warten entscheide. Etwa darauf, dass es besser wird. In der Gegenwart geht es genau um diesen einen Moment, in dem unser Leben stattfindet. Das Hier und Jetzt. Das, was mich darin übt, gegenwärtig zu sein, ist die Meditation. Sie ebnet mir den Weg ins Jetzt und führt mich aus einem Leben, das nur in meinem Kopf stattfindet. Und nebenbei führt Meditation zu mehr Gelassenheit und Gesundheit. Weitere positive Nebenwirkungen sind, dass sie uns nach und nach von Ängsten, Zwängen und seelischen Anspannungen befreit und uns mehr Lebensenergie schenkt.

Aus diesem Grund werde ich dich immer wieder dazu einladen, deine Aufmerksamkeit auf deinen

Atem, deinen Körper, aber auch auf die Natur zu richten. Das für mich Wichtigste war, dass ich durch das Meditieren damit aufgehört habe, etwas erreichen zu wollen. Denn es braucht diese Momente, in denen wir keine Probleme lösen, keine neuen Ideen entwickeln oder nichts erzielen müssen. Gelingt dir das, stellt sich über kurz oder lang eine innere Ruhe und Gelassenheit ein.

Einen Einstieg in die Meditationspraxis findest du, wenn du nach dem Aufstehen, vor Mahlzeiten, Besprechungen oder anderen Terminen drei achtsame Atemzüge übst. Erhöhe die Anzahl der achtsamen Atemzüge im Lauf der darauffolgenden Wochen. Fühlt sich das gut für dich an, dann suche dir morgens einen ungestörten Platz, an dem du erst ein paar wenige Minuten, dann ein paar Minuten länger achtsames Atmen üben kannst. Ich werde dich auch jeden Monat dazu einladen, ein paar Achtsamkeitsübungen auszuprobieren.

# Nützliches für deinen Weg

*Stell dir vor, es gibt nichts, was dich aus der Ruhe bringt, und nichts, was dich auf deinem Weg aufhält.*

## Carpe diem

Alles hat seine Zeit, und bei dem, was wir uns vornehmen, hilft es herauszufinden, wann ein guter Zeitpunkt dafür sein könnte. Es geht um das Gespür für den rechten Augenblick. Habe ich mir vorgenommen zu fasten, würde ich es mir und meinen Mitmenschen sehr schwer machen, wenn ich damit in der Vorweihnachtszeit beginnen würde. Die Widerstände und Versuchungen wären einfach zu groß, und die Gefahr, dass mein Vorhaben scheitert, ebenfalls. Und so wäre es klüger, bis zum Februar oder März damit zu warten, denn dann würden mir die Umstände in die Karten spielen oder meinem Vorhaben Rückenwind verleihen. Aus diesem Grund habe ich die für einen Monat jeweiligen Werte, Tugenden oder Emotionen so ausgewählt, dass die mit ihnen einhergehenden Fragen und Übungen gut in die Jahreszeit passen. Im Februar geht es beispielsweise um Bescheidenheit, im September um Dankbarkeit, im November um den Tod und im Dezember um Liebe.

Du kannst jederzeit und auch mit jedem Monat dieses Buch beginnen. Wenn es dir gelingt, dich zu gedulden, dann liest du wirklich nur den Text für den jeweiligen Monat und widmest dich den Fragen, Aufgaben und Übungen. Die einzelnen Kapitel kannst du aber auch gerne nach Gefühl auswählen, je nachdem, wonach dir gerade ist.

Was für das Jahr gilt, gilt auch für den Tag. Zur Zeit der römischen Kaiser dauerte die Nacht von Sonnenuntergang bis Sonnenaufgang. Und alles, was vor Sonnenaufgang und nach Sonnenuntergang geschah, verlängerte den Tag. Wer bisher keine Zeit für sich gefunden hat, für den macht es nun Sinn, darüber nachzudenken, in welche Richtung der Tag verlängert werden soll. Heute ist es vielen zur Gewohnheit geworden, dass sie den Tag dadurch verlängern, indem sie sich gerade nach Sonnenuntergang mit einer Vielzahl von Dingen beschäftigen: mit dem TV-Programm, mit der Bearbeitung von E-Mails oder überhaupt mit dem Smartphone, am besten dazu auf dem Sofa liegend. Mir ging es auch sehr lange so, und nicht selten schaltete ich den Fernseher nach drei mich entspannen sollenden Gläsern Wein erst weit nach Mitternacht aus.

Bei den Mönchen lernte ich, den Tag in den Morgen hinein zu verlängern, was sich sehr schnell positiv auf meine Gesundheit und Lebensfreude auswirkte. Wenn es uns wirklich wichtig ist, Zeit mit uns oder in Stille zu verbringen, egal ob zum Meditieren, Lesen oder Schreiben, könnte es hilfreich sein, eine Zeit zu wählen, wenn alle anderen noch schlafen oder im Fernsehen ohnehin nichts Interessantes läuft. Im Morgengrauen zum Beispiel. Und vor dem Sonnenaufgang ist unser Geist auch noch nicht zu sehr im Autopiloten des Alltags gefangen oder in anderen weltlichen Themen verstrickt. Für mich waren genau das die Gründe, weshalb ich morgens lange vor den anderen Mitgliedern meiner Familie aufstehe und mir Zeit für mich nehme. In diesen Stunden fühle ich mich geborgen wie ein Kind, das sich in seiner selbst gebauten Höhle oder einem Baumhaus versteckt.

Und so möchte ich dich jetzt direkt dazu einladen, für dich eine feste Zeit, eine »heilige« Zeit zu finden, in der du ganz für dich sein kannst. »Das ist mir heilig« ist eine Werteeinstellung, und das Wort »heilig« stammt vom lateinischen Begriff *sanctus* ab beziehungsweise vom Verb *sancire* und meint »begrenzen«, »abgrenzen«, »umschließen«. Finde nun also eine Möglichkeit, das »Heilige« im Weltlichen zu ermöglichen. Sehr gute Voraussetzungen schaffst du, wenn du im ersten Monat damit beginnst, eine halbe Stunde früher als sonst aufzustehen. Mache dir dann einen Tee oder Kaffee, genieße die morgendliche Ruhe und Ungestörtheit und befasse dich mit den Texten, Fragen, Aufgaben und Übungen. Falls du nach einem Monat spürst, dass das nicht der für dich passende Zeitpunkt ist, finde eine für dich bessere Alternative und probiere diese wieder einen Monat aus.

## Morgen- und Abendritual

Zu meiner Zeit in der Stille gehört es auch zu danken, den Tag zu planen, mich gut auf ihn einzustellen oder ihn zu reflektieren. Das Danken, Planen und Einstellen erfolgt innerhalb nur weniger Minuten mit der Beantwortung von drei Fragen:

1. Wofür bin ich dankbar?
2. Welche Chance werde ich heute nutzen?
3. Welche Einstellung wähle ich heute?

Auch dem Abend gehört eine kurze Zeit (fünf Minuten) der Reflexion, in der ich ebenfalls drei Fragen beantworte:

1. Was hatten andere davon, dass es mich gibt?
2. Was hätte ich heute besser machen können?
3. Was ist mir heute gut gelungen?

Plane neben dem Schwerpunkt des jeweiligen Monats nun auch die Beantwortung dieser sechs Fragen fest in deinen Tagesablauf ein.

## Mein schwarzes Büchlein – mehr als ein Notizbuch

Was ich nach meinem ersten Klosteraufenthalt noch eingeführt habe, war, dass ich mir ein Notizbuch besorgte. Mein schwarzes Büchlein begleitet mich überallhin. Immer. In dieses schreibe ich alles hinein, was mich bewegt: Aufgabenlisten, Erinnerungen, Stichworte, Reflexionen, aber vor allem Gedanken, die im Lauf des Tages in mir auftauchen. Natürlich gehört auch die Beantwortung der drei Fragen für den Morgen und den Abend dazu. Seit zehn Jahren notiere ich auf diese Weise alles, was mir wichtig ist, und die unvorstellbare »Kraft der Handschrift« wurde mir in dieser Zeit unzählige Male eindrucksvoll bestätigt. Vieles von dem, was ich hierin notiert habe, wurde Wirklichkeit. Und so will ich dich dazu ermutigen, dir ein solches Notizbuch nicht nur zuzulegen, sondern es auch täglich zu nutzen.

## Ins Handeln kommen

Nun folgen die einzelnen Monate mit den Geschichten, Fragen, Aufgaben und Übungen. Ich wünsche dir gutes Gelingen. Wenn du während der Umsetzung aus dem Tritt oder ins Stocken gerätst, bedenke:

JEDER TAG IST GUT FÜR EINEN NEUEN ANFANG.

# Januar

# Sinn erfüllen

*Wer ein Warum zu leben hat, erträgt fast jedes Wie.*
Viktor E. Frankl

## Wann (oder wie) wir Sinn tatsächlich erleben

Vor Kurzem wurde mir gesagt, dass Entschleunigung, Meditation und eine Fokussierung auf die persönlichen Belange ja einen großen Nutzen für die Weiterentwicklung der eigenen Person bringe. Aber bestünde dabei nicht die Gefahr, zu egozentrisch zu denken oder zu agieren?

Die Frage erinnerte mich an eine Selbstführungs-Challenge, die ich entwickelte und selbst durchführte. Sie dauerte drei Monate und enthielt alle wesentlichen Faktoren, die nach meiner damaligen Vorstellung für eine Askese erforderlich waren. Dazu gehörten: ausreichend Schlaf, dreimal täglich Meditation, viermal wöchentlich Sport, gesundes Essen und Trinken, Planung, Reflexion, Dokumentation und Auswertung von Aktivitäten, die meiner persönlichen Entwicklung dienten. Und ich hatte mir geschworen, sie wirklich bis zum Ende durchzuziehen.

Die Zeit war sehr intensiv gewesen, bescherte mir aber auch die Erkenntnis, dass ein Um-sich-selbst-Kreisen in einem derartigen Umfang nicht dauerhaft funktioniert – jedenfalls dann nicht, wenn man Teil einer Familie ist und Mitmenschen auf Unterstützung angewiesen sind. Als ich einmal im Wohnzimmer auf der Couch saß und in mein Notizbuch hineinschreiben wollte, bei wem ich mich für diesen Tag bedanken wollte, machte es klick. Statt meiner Frau, die neben mir war, persönlich zu sagen, wofür ich ihr dankbar bin, notierte ich es (die schriftliche Dankbarkeitsübung war wichtiger Teil meiner Challenge gewesen). Doch ihren Sinn hätte die Umsetzung dieser Aufgabe erst dann gehabt, wenn ich den Dank nicht nur in mein Büchlein geschrieben, sondern es Claudia mit großer Aufmerksamkeit und viel Liebe persönlich gesagt hätte.

Diese Erfahrung half mir, besser zu verstehen, was das überhaupt ist, was uns erfüllt. Je öfter ich über meinen Umgang mit der Challenge nachdachte, desto deutlicher wurde mir, dass mir mein Versuch, mich selbst zu optimieren, mehr Frust als Lust bescherte. Da war permanent dieses Druckgefühl, die selbst gesteckten Anforderungen nicht zu bewältigen. Und wenn ich Gefahr lief, an einem Tag eine meiner zwanzig Tagesaufgaben nicht oder nicht ausreichend zu erledigen, bekamen das meine Mitmenschen sofort zu spüren, ich ließ meine schlechte Laune an ihnen aus. Oder Familienmitglieder schüttelten den Kopf, wenn ich zu Hause noch kurz vor dem Mittagessen ins Schlafzimmer rannte, um meine Meditationseinheit zu absolvieren.

Ein paar Jahre später las ich in einem Text der österreichischen Logotherapeutin Elisabeth Lukas etwas, das mir meine Selbsterfahrung mit der Challenge bestätigte: »Egozentrische Ziele sind Angstmacher. Wer nur für sich selbst Erfolg haben will, muss vor dem Misserfolg schlottern.« Aus dieser Erkenntnis begann ich mich zu fragen: Wann erfährt das, womit ich mich beschäftige, was ich tue, einen Sinn? Und sammelte Antworten, setzte mich mit dem japanischen Ikigai-Modell auseinander (Ikigai bedeutet so viel wie »Wert des Lebens«), mit der antiken Philosophenschule der Stoa und ihrer Lebenskunst, der Logotherapie, der Bibel und der Regel des heiligen Benedikt. Ging es um Sinn, wiesen alle eine Gemeinsamkeit auf: Der Weg dazu führt über die Selbsttranszendenz dessen, was mir als Mensch wirklich wichtig ist.

So philosophisch der Satz anmutet, in der Praxis ist er einfach zu verstehen: Habe ich etwa für mich herausgefunden, dass Gesundheit ein für mich sehr wichtiger Wert ist, und wenn ich dann in meinem Umfeld Krankheit erlebe und alles dafür tue, was ich tun kann, damit es in meinem Umfeld wieder gesünder zugeht, so werde ich dieses Tun meinerseits als sinnvoll erachten. Ist für mich dagegen Gerechtigkeit von besonderer Bedeutung, also ein wesentlicher Wert, der meiner Würde, meiner Haltung entspricht, und erfahre ich dann um mich herum

Ungerechtigkeit, werde ich jede meiner Handlungen, die dazu führt, dass in meinem Umfeld Gerechtigkeit wiederhergestellt wird, als sinnvoll erachten. Oder alltäglicher: Für mich alleine hätte ich kaum Lust, ein Drei-Gänge-Menü zu kochen. Erwarte ich aber Gäste, stelle ich mich gerne den halben Tag in die Küche. Mein Wert ist dann Gemeinschaft, und dadurch bekommt mein Kochen einen Sinn.

Auch eine Selbstführungs-Challenge erfährt erst ihren Sinn, wenn ich die dabei gemachten Erfahrungen mit meinen Mitmenschen teile. Wenn ich das, was ich während dieser dreimonatigen Prozedur erlebt und erkannt habe, in Büchern, Gesprächen, Vorträgen, Seminaren oder – noch besser – durch mein tägliches Handeln zum Ausdruck bringe. Wenn ich beispielsweise meine Mitmenschen dabei unterstütze, sich selbst zu führen und Antworten auf die wichtigen Fragen des Lebens zu finden. Oder meiner Frau gegenüber aufmerksamer bin.

Beim Sinn geht es darum, Antworten auf folgende Fragen zu finden: Wofür stehe ich? Was liebe ich? Was kann ich gut? Zugleich gilt es herauszufinden, was die Welt, meine Familie, meine Freunde oder mein Team gerade benötigen. Und dort, wo das eine zum anderen kommt, erlebe ich tatsächlich Sinn. Denn der (sinn-)erfüllte Mensch sieht mehr als nur sich selbst.

# Einladung zum Fühlen, Denken und Handeln

## Fragen

- Was wirst du in diesem Monat tun, um deinen Sinn zu finden?
- Was würde diesen Monat zu einem guten Monat machen?
- Was werden deine Mitmenschen in diesem Monat davon haben, dass es dich gibt?
- Welcher Zusammenhang besteht zwischen dem, was du täglich tust, und dem, was dir wirklich wichtig ist?

## Aufgaben: Wer bin ich? Wofür stehe ich?

- Aufgabe Kinderfoto: Sammle ein paar Bilder aus deiner Kindheit zusammen. »Verabrede« dich mit ihnen an einem Ort, wo du ganz für dich und ungestört bist. Betrachte die Fotos und versuche in einem ersten Schritt, die Fragen auf Seite 135 zu beantworten.

  In einem zweiten Schritt schau dir die Antworten auf die Fragen an und versuche, daraus einen »Zwei-Wort-Satz« zu formulieren, aus dem hervorgeht, wofür du im Leben stehst oder stehen möchtest. Beispiele für diese Art der Sätze findest du auf Seite 134. Und wie sieht dein Satz aus?

  Nutze ihn als Maßstab deiner Entscheidungen!

- Die zweite Aufgabe besteht darin, die Eigenschaften und Fähigkeiten zu entdecken, derer du dir noch nicht so bewusst bist. Gehe in die Stille und starte mithilfe der Timeline (siehe Seite 136) einen zweiten Rückblick auf dein Leben.

## Übung: Blinde Kuh

Diese recht einfache Übung wird dich in das Empfinden völliger Gegenwärtigkeit führen. Nimm dir eine Woche lang circa zehn Minuten pro Tag Zeit für sie, versuche, das dabei entstehende Gefühl zu verinnerlichen und fest in dir zu verankern.

Wähle dazu einen Weg innerhalb deiner Wohnung, zum Beispiel von der Küche ins Schlafzimmer. Verbinde dir die Augen und gehe diese Strecke. Taste dich vorsichtig vor und spüre immer wieder nach, wie es sich anfühlt, sich mit verbundenen Augen von A nach B zu bewegen.

Nutze das dir bewusst gewordene Gefühl für deine zukünftigen Sitzmeditationen!

# Februar

# Bescheidenheit üben

*Die Fülle des Möglichen ist der Feind des Verwirklichens.*

Peter Amendt

## Wieso Verzicht uns den Weg zurück ins gute Leben ebnet

Im August 2018 erhielt ich ein Päckchen. Als ich es öffnete, fand ich darin einen handschriftlich verfassten Brief und ein mit Bildern, Gedichten und Sprüchen liebevoll selbst gestaltetes Ringbuch zum Thema Stille. Aus dem Schreiben ging die Sehnsucht des Absenders hervor, gemeinsam einen Raum für inneres Wachstum zu schaffen, einen Ort, an dem Menschen die vielen Rollen ihres Alltags abstreifen können und durch nichts mehr abgelenkt werden. Der Brief hatte mich so sehr angesprochen, dass sein Verfasser und ich uns trafen. Nach dem ersten Gespräch folgten weitere, wobei sich der Kreis der Teilnehmer jedes Mal vergrößerte und wir uns schließlich in einer Gruppe wiederfanden, die ein »Hotel für Zeit in Stille« nicht nur plante, sondern auch in Wremen, mitten auf einem Deich an der Nordsee, verwirklichte. So entstand das Upleven.

Was uns dabei half, war das Bewusstsein, dass Wohlstand nicht gleich Wohlbefinden und Lebensstandard nicht gleich Lebensqualität bedeutet. Im Gegenteil. Ich hatte in meinen Zeiten in Stille beobachtet, dass die sich langsam in mir breitmachende Unzufriedenheit einem Leiden am Zuviel entsprang. Einem Zuviel an Verpflichtungen, Besprechungen, Vorträgen, E-Mails, nach mir »greifenden« Menschen, aber auch ein Zuviel an Besitz, Lärm, Erreichbarkeit, Angeboten und Entscheidungen, die mich unter Druck setzten und mir nach und nach das Gefühl bescherten, nur noch am Rennen zu sein und keine Zeit mehr für das zu haben, was mir wirklich wichtig ist: für eine Gemeinschaft mit Gleichgesinnten, für Menschen, die ich liebe, für Ruhe, Natur oder einfach nur Stille. Was ich brauchte, um das zu ändern, war eine bewusste Entscheidung: auf alles zu verzichten, was mich vom Wesentlichen ablenkt.

Doch obwohl so viele Menschen unter dem Zuviel leiden, ist das Verzichten für vielleicht genauso viele Menschen negativ besetzt. Denn in unserer heutigen Leistungsgesellschaft definiert sich Erfolg über viel Besitz und wenig Pausen. Wer nichts hat, ist nichts wert, und Müßiggang ist aller Laster Anfang. Dabei zerbrechen immer mehr Menschen an dem Zuviel. Durch die An- und Aufforderungen, denen wir permanent ausgesetzt sind, werden wir gestresst, unkonzentriert, gereizt, besorgt oder krank. Doch wie gelingt es uns, einen Weg zurück zum rechten Maß zu finden? Zurück in die Balance. Zurück ins echte Leben!

Mit dem rechten Maß ist das so eine Sache. Die Herausforderung besteht darin, das Übermäßige wahrzunehmen, denn es schleicht sich zunächst unbemerkt in den Alltag hinein. Bei mir beginnt es meistens mit einer Ausnahme von bestimmten Grundsätzen: ausreichend Schlaf, gesunde Ernährung, Bewegung und Zeit in Stille. Und wenn ich dann einen dieser Grundsätze über einen bestimmten Zeitraum nicht einhalte, hat das unweigerlich zur Folge, dass ich ganz unbewusst auch über die anderen Grundsätze stolpere, aus dem Gleichgewicht gerate und hinfalle. Nur weil ich zu viel will. Ich gehe zu spät ins Bett, vernachlässige meine Meditationen und meinen Sport. All das führt dazu, dass mein Energielevel abfällt, ich unbewusster durch den Tag gehe, den Kontakt zu mir und meinen Mitmenschen verliere und noch nicht einmal bemerke, dass irgendwann nicht mehr meine innere Stimme, sondern mein Smartphone die Kontrolle über mein Handeln übernommen hat. Doch ich habe Wege gefunden, die mir dabei helfen, mein Gleichgewicht regelmäßig wiederzufinden. Wenn ich achtsam bleibe, immer wieder in mich hineinhorche, um zu bemerken, reicht die bewusste Entscheidung, mich wieder auf meine »heiligen« Grundsätze zu besinnen.

Habe ich diesen Punkt aber schon überschritten, beginne ich mit einer außerordentlichen Fastenzeit. Fasten ist für mich dann so etwas wie eine Notbremse, mittels der ich mich an den eigenen Haaren aus dem Schlamassel herausziehe. Ein ziemlich radikaler Weg, dessen Wirksamkeit mich jedoch jedes Mal beeindruckt, da ich mich im Anschluss so fühle, als wäre ein Reset bei mir vorgenommen worden. Nun kann ich versuchen, es mit dem rechten Maß beim nächsten Mal ein bisschen besser zu machen.

Fasten ist auch so etwas wie ein körperlicher und geistiger Frühjahrsputz, man befreit sich von allem Überflüssigen, durchlüftet alles und bringt sich wieder in Ordnung. Es hilft mir zu klären, ob ich die Dinge oder die Dinge mich beherrschen. Manche Menschen wollen alles beherrschen, sich selbst beherrschen sie aber nicht. Aber auch die Selbstbeherrschung ist eine Fähigkeit, die sich über Verzicht trainieren lässt. Wer verzichten kann, beherrscht sich auch selbst. Und sich eine Zeit lang wirklich nur auf das Nötigste zu beschränken, ist zudem so etwas wie eine Art Standortbestimmung, die mich erkennen lässt, bei welchen Angelegenheiten (Essen, Trinken, Bewegen, Schlafen, Kaufen) ich das rechte Maß aus den Augen verloren habe. Selbst wenn es ein paar Jahre gedauert hat, aber das Fasten war oft eine Befreiung aus der Gefangenschaft übermäßiger Wünsche, Bedürfnisse und schlechter Gewohnheiten.

Eine chassidische Geschichte erzählt von einem Reisenden, der bei einem berühmten Rabbi einkehrte und entsetzt darüber war, wie dürftig sein Haus, das nur aus einem Zimmer bestand, ausgestattet war. »Warum hast du keine Möbel?«, fragte der Reisende. »Warum hast du keine bei dir?«, fragte der

Rabbi. »Weil ich auf der Durchreise bin«, entgegnete der Besucher. »Ich auch«, antwortete der Rabbi.

Wir horten Dinge, um unsere kleine Welt zu beherrschen, und letztlich beherrschen die Dinge uns. Aus dieser Erkenntnis heraus habe ich mich dazu entschieden, das Fasten zweimal im Jahr zu festen Zeiten präventiv zu kultivieren. Dadurch erfahre ich, was es für das gute Leben tatsächlich braucht. Und meine Hoffnung ist, dass mich das Fasten darin trainiert, den Verzicht zu einer guten Gewohnheit werden zu lassen. Denn es ist die Gewohnheit, die unsere Persönlichkeit entwickelt. Aus dem beharrlich geübten Verzicht entsteht irgendwann Bescheidenheit. Zwar zählt Bescheidenheit nicht zu meinen angeborenen Eigenschaften, aber ich habe die Möglichkeit, sie zu entwickeln, um mich von unnötigem Ballast zu befreien, um dem Leben seine Geschwindigkeit zu nehmen und mein eigenes Selbst zu leben, anstatt gelebt zu werden.

Bescheidenheit bedingt auch die Fähigkeit, konsequenter Entscheidungen zu treffen. Denn wer Entscheidungen treffen will, muss verzichten können. Aber ich kenne viele Menschen, die sich daran aufreiben, weil sie nicht in der Lage sind, auf etwas zu verzichten. Muss ich mich zwischen drei Dingen entscheiden, gelingt mir das nur, wenn ich auf zwei verzichten kann. Wer nicht verzichten kann, kann nicht entscheiden. Und wer nicht entscheiden kann, kann nicht führen. Weder sich noch sein Leben.

# Einladung zum Fühlen, Denken und Handeln

## Fragen

- Wo kannst du Nein sagen, damit du öfter Ja zu dem sagen kannst, was dir wirklich wichtig ist?
- Welche Dinge beherrschen deinen Alltag?
- Wie viel Zeit investierst du in Dinge? Wie viel in Menschen?
- Welche Dinge halten dich davon ab, regelmäßig eine Pause zu machen, um Zeit in Stille oder zur Reflexion zu haben?

## Aufgaben: Loslassen und entschlacken

- Durchforste gründlich dein Zuhause und betrachte alle Dinge, die sich im Lauf der Jahre in deiner Wohnung, der Garage oder auf dem Dachboden angesammelt haben. Ob Kleidung, Bücher, Zeitschriften oder Erinnerungsstücke – nimm jedes Teil in die Hand und erspüre, ob es dich noch glücklich macht. Wenn nicht, verabschiede dich von dem Teil respektvoll, denn hinter jedem Gegenstand steht eine eigene Geschichte. Kaufe zukünftig nur Dinge, die du wirklich benötigst und mit denen du dich bewusst umgeben willst. Nimm dir in den nächsten Wochen täglich einen kleinen Bereich vor. Beginne vielleicht mit dem Kleiderschrank.

- Plane und starte eine einwöchige (Heil-)Fastenwoche. Die bekannteste Methode ist das Fasten nach Buchinger. Mir gelang ein Einstieg mit der Fastenbox von Salufast. Falls du noch nie gefastet oder gesundheitliche Probleme hast, kontaktiere deinen Hausarzt oder deine Hausärztin.

### Übung: Einfache Atemmeditation

Nimm eine Sitzposition ein, schließe die Augen und atme natürlich. Beobachte, wo im Körper du deinen Atem besonders gut wahrnehmen kannst. Ist es das Ein- und Ausströmen der Luft entlang deiner Nasenflügel? Das Heben und Senken deiner Bauchdecke? Finde es heraus und bleibe mit deiner Aufmerksamkeit dort, wo du den Atem am deutlichsten spürst. Folge nun deinem Atem und seinem Rhythmus. Wenn du merkst, dass dein Geist dich gedanklich auf eine Reise geschickt hat, komme wieder zurück zur Atmung, zum Ein- und Ausatmen. Wie weit gelingt dir das, ohne deine Aufmerksamkeit zu verlieren? Steigere die Dauer der Meditation von fünf auf fünfzehn Minuten und praktiziere sie regelmäßig, bestenfalls täglich.

Erinnere dich im Sitzen an das Gefühl der »Blinden Kuh«.

# März

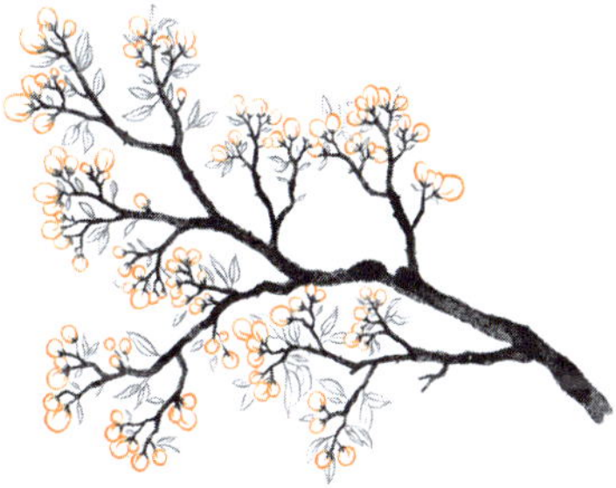

# Hoffnung bewahren

*Neben dem Sinn ist die Hoffnung der eigentliche Beweger.*

## Wieso jeder Mensch wertvoll ist

Als die Redaktion von *Ruf in die Zeit* – der Zeitung des Benediktinerklosters Münsterschwarzach – an mich herantrat, um das Gleichnis vom Wachsen der Saat aus Unternehmersicht zu beschreiben, war ich heilfroh, dass mir die dazugehörige Bibelstelle im Markusevangelium mitgeschickt wurde, denn ich kannte sie nicht. In ihr erzählt Jesus, dass die vom Bauern ausgebrachte Saat ohne weiteres Zutun wächst und Früchte einbringt. Ich dachte bei diesem Gleichnis als Unternehmer Folgendes: dass wir, wenn überhaupt, nur sehr wenig Einfluss auf das haben, was letztlich aus unserem Handeln entsteht. Ich kann Menschen inspirieren oder ermutigen, etwas zu tun, aber was sich daraus entwickelt, liegt nicht in meiner Macht. Und ob auch das, was ich selbst in Bewegung bringe, letztlich von Erfolg gekrönt ist, hängt von vielen Faktoren ab, von denen die meisten ebenfalls nicht in meiner Hand liegen.

Das Bewusstsein, dass ich nur sehr begrenzten Einfluss auf das habe, was geschieht, erfordert Demut, Geduld und Gelassenheit. Was mir aber hilft, diesem Kontrollverlust gut zu begegnen, ist Hoffnung. Doch Hoffnung hat immer mehr an Bedeutung verloren, denn in Industrie und Wirtschaft geht es darum, Menschen zu funktionalisieren, ihnen einen bestimmten Willen aufzudrücken. Aber weder der Mensch noch das Leben lassen sich vollständig kontrollieren. Absolute Kontrolle ist eine Illusion. Und wer versucht, alles unter Kontrolle zu bekommen, dem wird alles außer Kontrolle geraten. Und wie tief einst die Angst davor war, die Kontrolle zu verlieren, ist ansatzweise in dem Ausspruch »Die Hoffnung ist des Kaufmanns Tod« zu erahnen. Die Unternehmer und ihre Führungskräfte waren es aber, die in den Monaten der Pandemie erfahren mussten, dass ihre auf Kontrolle ausgelegten Führungskompetenzen und -instrumente im Zeitalter von Homeoffice völlig an Bedeutung verloren.

Die Wiederentdeckung der Hoffnung ist eine Form von Befreiung. In der Hoffnung steckt die Kraft des Wachsens und der Erneuerung, eine Kraft, mit der sich der Mensch nach dem, wonach er sich sehnt, streckt. Allerdings, ohne sich sicher sein zu können, dass es auch tatsächlich geschieht.

Ein Erlebnis dazu aus dem Kloster Münsterschwarzach: Vor ein paar Jahren begegnete ich dort Pater Jesaja im Frühstücksraum des Gästehauses. Während er von Tisch zu Tisch ging, lud er die

Hausgäste zu einem Morgenritual ein. Es bestand darin, die Sonne in ihrem Herzen aufgehen zu lassen. Auch ich sollte mir vorstellen, wie es sich anfühlt, wenn in meinem Herzen die Sonne aufgeht und mich ihr wärmendes Licht nach und nach erfasst.

Im Oktober 2020 war ich wieder in der Abtei, dieses Mal als Seminarleiter, und erneut begegnete mir Pater Jesaja. Während seiner Frühstücksrunde bemerkte er die strahlenden Augen der Seminarteilnehmer und wollte wissen, was sie denn so gut in den Tag gebracht hätte. Nach dem Morgengebet hätte ich mit den Teilnehmern meditiert, erklärte ich. Nun erkundigte er sich, welche Meditation denn zu diesen leuchtenden Augen geführt hätte. Ich erzählte ihm, er selbst hätte vor drei Jahren die Saat für die Meditation gesät, seine morgendliche Meditation hätte darin bestanden, die Sonne in unseren Herzen aufgehen zu lassen. Nun leuchteten Pater Jesajas Augen. Es war ihm aber anzumerken, dass ihm nicht bewusst war, was unsere erste Begegnung mir bedeutet hatte.

Noch am selben Abend suchte ich mir einen abgelegenen Meditationsraum, ging in die Stille und dachte darüber nach, wer oder was Einfluss auf meinen bisherigen Lebensweg gehabt hatte. Die Stille führte mich zurück in meine Kindheit, wie meine Eltern Einfluss darauf hatten, wohin mich die ersten Schritte meines Lebens führten. Aber sie waren nicht die Einzigen, denn je weiter ich meinen Lebensweg beschritt, desto mehr Menschen gesellten sich dazu: Mitschüler, Freunde, Lehrer, Trainer, Verwandte, Kollegen, Chefs, Geschäftspartner, aber auch Fremde. Die Stille half mir dabei auch, zu begreifen, dass letztlich all das, worauf ich in meinem bisherigen Leben zurückschauen darf, weder allein mein Verdienst ist noch von mir zu kontrollieren war. Und dass nahezu jeder Mensch, dem ich begegnete, seinen Anteil daran hat, wie ich die Welt heute sehe und was aus mir und meinem Leben geworden ist.

Ich erinnerte mich an eine Begegnung zwischen einem kleinen Mädchen und einem unserer Hotelköche. Im Rahmen eines Mitarbeiterprojekts hatten wir Kindern, die in einem sozialen Brennpunkt aufwuchsen, einen schönen Tag schenken wollen. Etwa mit einem Malwettbewerb: Wer malt die schönste Kochmütze? Zum Kochmützen-Team zählte auch ein Koch der alten Schule, ein Koch, der keine Mühe damit hatte, seinen Auszubildenden das Gefühl zu vermitteln, dass sie in seiner Küche am Ende der Nahrungskette stehen. In meinen Augen ein hoffnungsloser Fall, nicht nur einmal hatte ich darüber nachgedacht, wie ich ihn loswerden könnte.

Er stand an dem Tisch, an dem die Kinder ihre bemalten Mützen abgeben sollten, als ein vielleicht zehnjähriges Mädchen auf ihn zutrat. Grimmig betrachtete er die Mütze des Mädchens und brummte schließlich: »Da ist ja gar nichts bemalt!« Das Mädchen sagte nichts, sondern sah ihn nur mit leuchtenden Augen an. Irgendwann drehte der Koch die Mütze um und senkte seinen Blick. Als er wieder nach oben schaute, waren seine Augen gefüllt mit Tränen, seine Unterlippe zitterte. Was war geschehen? Das Mädchen hatte tatsächlich nichts auf die Mütze gemalt, dafür aber etwas auf den steifen Papierrand geschrieben: »Vielen Dank! Das war der schönste Tag in meinem Leben.« Dieser Moment schien einen Sinneswandel in seinem verknöcherten Geist hervorgerufen zu haben, denn fortan war er den jungen Menschen gegenüber freundlich, stärkend, aufbauend und unterstützte sie tatkräftig dabei, die Herausforderungen ihrer Ausbildung zu meistern. Ich lernte: nie die Hoffnung aufgeben.

Aber noch viele andere Erlebnisse bekräftigten mich in dem Glauben, dass in jeder Begegnung der Zauber einer Hoffnung für etwas Großartiges liegt. Auch wenn ich nur wenig Einfluss darauf habe, auf wen ich treffe: Ein mich töten wollender Verbrecher kann mir dabei helfen, zu verstehen, was Leben bedeutet (selbst durchgemacht). Eine Frau, die meine Fassaden durchschaut, mich sieht, wie ich wirklich bin, und mich begreifen lässt, was Liebe bedeutet (meine heutige Ehefrau). Ein Versicherungsmakler, der bei einem gemeinsamen Mittagessen zum Impulsgeber für den Bau vieler Schulen in Ruanda wird. Ein afrikanisches Mädchen, das mich begreifen lässt, was Gemeinschaft bedeutet, und das damit die Entwicklung unserer Unternehmenskultur stark beeinflusst. Oder der Hinweis einer Redakteurin, der mich ins Kloster führt und die Kraft der Stille erleben lässt. Keiner dieser Menschen konnte ahnen, was die Begegnung mit ihnen bei mir losgetreten hat.

All diese Erfahrungen vermitteln Hoffnung. Nämlich die Hoffnung, dass jeder Mensch wertvoll ist. Jeder Mensch ist für irgendjemanden irgendwann wertvoll. Oder wer kann mir garantieren, dass er auf das Leben eines anderen Menschen nicht schon einen solchen Einfluss hatte wie etwa das Mädchen auf den Koch? Oder auf das Leben eines anderen Menschen noch Einfluss haben wird? Sich zur richtigen Zeit am richtigen Ort befinden wird, um vielleicht ein Kind vor dem Ertrinken zu bewahren? Ein Kind, das später vielleicht einmal eine für die Menschheit wertvolle Entdeckung macht? Wer kann mir das garantieren? Niemand! Und das ist die Hoffnung, die mit jedem neuen Tag, jedem neuen Menschen und jeder neuen Begegnung geboren wird!

## Einladung zum Fühlen, Denken und Handeln

### Fragen

- Welche Hoffnungen hast du für diesen Monat, für dieses Jahr?
- Wie gehst du mit unerfüllten Erwartungen um?
- Welche Begegnungen hatten auf deinen bisherigen Lebensweg einen positiven Einfluss?

Wie viel Einfluss hattest du darauf, dass diese Begegnungen zustande kamen? Für welchen deiner Erfolge bist du allein verantwortlich?
- Was bedeutet für dich die Aussage »Jeder Tag ist ein neuer Anfang«?

## Aufgaben: Hoffnungsvolle Begegnungen

- Gehe in die Stille und werde dir der Menschen bewusst, denen du begegnet bist und die einen wertvollen Einfluss auf deinen Lebensweg (beruflich und privat) hatten. Schreibe ihnen eine Nachricht oder einen Brief, in der/dem du ihnen dafür dankst.
- Gehe in die Stille und versuche, dich an Situationen zu erinnern, in denen du voller Hoffnung warst. Oder in denen andere Menschen es waren. Erinnere dich an wichtige Ereignisse in deinem Leben, deren Ausgang nicht allein in deiner Hand lagen. Vielleicht hilft dir dabei ein Blick in ein Fotoalbum. Versuche, dich an das Gefühl zu erinnern, das die Hoffnung damals in dir entfacht hat. Stelle dir anschließend folgende Frage: Wie kann es mir gelingen, ein Jahr, einen Monat und einen Tag mit diesem Gefühl beginnen zu lassen?

## Übung: Dem Geist der Unruhe begegnen

Spürst du während deiner Meditationen Unruhe, ist es wichtig, sich ihr anzunehmen. Was steckt hinter der Unruhe? Häufig ist sie eine Folge von Zweifeln. Mache ich das Richtige? Ist es wirklich das, was ich will? Nutze deine Überlegungen, um dich wiederholt zu vergewissern, ob das, was du gerade tust, tatsächlich das ist, was du willst. Wenn es so ist und du ein klares Ja zur Meditation und den Anfängerschwierigkeiten aussprichst, lächle der Unruhe zu und mache weiter.

# April

# Leid verwandeln

*Leidenschaften sind Eigenschaften,*
*die Leiden schaffen.*

## Wann Leidenschaften Leiden schaffen

Während meiner morgendlichen Zeit in Stille begegnete mir beim Lesen älterer Texte immer wieder der Begriff »Leidenschaft«. In diesen Texten wird der Leidenschaft eine etwas andere Bedeutung zugesprochen als heute. In unserem Sprachgebrauch wird sie mit »Lust auf etwas haben« in Verbindung gebracht. Und Lust auf etwas zu haben, schenkt uns Kraft, um in Bewegung zu kommen, treibt uns an, uns für etwas einzusetzen, etwas zu tun, was uns im Leben wichtig ist, was uns begeistert. Ein Hobby zum Beispiel.

Die frühchristlichen Mönche und Stoiker betrachteten Leidenschaften aber als etwas anderes. Für sie waren Leidenschaften Eigenschaften, die Leiden schaffen. Zu diesen Leiden zählten sie negative Emotionen wie Angst, Zorn, Traurigkeit, Hoffnungslosigkeit, Zweifel oder Selbstmitleid. Und in der Stille der Wüste beschäftigten sie sich in ihren Einsiedeleien damit, woher diese negativen Gefühle kommen, wie man lernen kann, sich nicht von ihnen beherrschen zu lassen, wie man sie vielleicht sogar für sich nutzen kann. Dabei entdeckten sie, dass sie zwar keinen Einfluss auf das Entstehen ihrer Gefühle hatten, wohl aber darauf, wie sie mit ihnen umgehen konnten. Und so übten sie sich in innerer Gelassenheit und entwickelten die Fähigkeit, sich selbst zu beherrschen.

Inspiriert durch diese Texte versuchte ich mir während meines Morgenrituals immer wieder vorzustellen, wie es wohl wäre, Herr meiner Gefühle zu werden. Wie es wohl wäre, mich von der lähmenden oder kräftezehrenden Angst, dem Zorn oder den Zweifeln zu befreien. Das Erste, was ich von den frühchristlichen Mönchen lernte, war, mich darin zu üben, mir meiner Gefühle bewusst zu werden, sie im Moment des Entstehens zu erkennen. Zum Üben ging ich in die Stille und reflektierte Situationen, in denen ich zum Beispiel wütend war, ließ die Wut erneut aufleben. Dabei beobachtete ich, wie die Wut sich in mir ausbreitete, imaginierte aber auch, wie sie aussehen könnte, welche Form und Farbe ich ihr zusprechen würde. So zeigte sich meine Wut in Gestalt einer tiefvioletten Wolke, die, wenn ich ihr nicht Einhalt gewährte, sich zu einem ordentlichen Gewitter zusammenbraute. Bedeutsam an diesem Üben war die so entwickelte Fähigkeit, mich von meinen Gefühlen immer besser distanzieren zu können. Ich gewann quasi mehr und mehr Lufthoheit über meine Gefühle und konnte sie mit Abstand betrachten. Disidentifikation nennen Psychologen das.

Was ich noch von den frühchristlichen Mönchen übernahm: nicht der Versuchung zu unterliegen, meine negativen Gefühle besiegen zu wollen. Wir können unseren negativen Emotionen nicht ein für alle Mal den Garaus machen. Das ist eine Illusion. Abgesehen davon hatte die Beschäftigung mit den Leidenschaften, die von den einstigen Mönchen auch Dämonen genannt wurden, zum Ziel, einen inneren Frieden zu finden. Und will ich meinen inneren Frieden finden, macht es keinen Sinn, gegen etwas in mir zu kämpfen. Es geht also darum, sie nicht zu besiegen, sondern mit ihnen Freundschaft zu schließen. Geholfen hat mir dabei, dass ich negative Emotionen als in mir wohnende und auf sich aufmerksam machende Kinder betrachte. Kinder, die eine Art lebenslanges Hausrecht haben und mir, dem Erwachsenen, immer mal wieder weinend oder schreiend in die Arme laufen. Und wenn das geschieht, schaue ich als Erstes nach, welches Kind mir denn da entgegenkommt. Ist es die Angst, die Wut oder die Trauer? Wer da auch angerannt kommt, ich umarme dieses (innere) Kind und tröste es. Wie bei meinen eigenen Kindern will ich dann erfahren, was geschehen ist, warum es so aufgelöst und ganz außer sich in meine Arme läuft. Wie ein fürsorglicher Erwachsener versuche ich dann, meinem inneren Kind im Geiste das zu geben, was es braucht.

Unsere Leiden schaffenden Eigenschaften finden ihren Ursprung meist in der Kindheit. Sie sind die

Folge negativer Erfahrungen mit uns nahestehenden Menschen, die unweigerlich jeder von uns mehr oder weniger macht. Dabei geht es um Enttäuschungen, Entmutigungen oder andere Verletzungen, die unsere Grundbedürfnisse nach Verbundenheit, Autonomie, Kontrolle, Lust oder Anerkennung missachten und somit einen starken Einfluss auf unser Urvertrauen und Selbstwertgefühl haben. Jedes Mal, wenn wir Angst, Wut oder Stress empfinden, sind unsere Grundbedürfnisse mit im Spiel.

Gewinne ich als Kind aufgrund wenig fürsorglicher Eltern die Überzeugung: »Ich bin es nicht wert, dass meine Eltern sich Zeit für mich nehmen«, werde ich mich nicht nur entwertet fühlen, sondern auch irgendwann anfangen, Schutzstrategien, Eigenschaften oder Verhaltensmuster zu entwickeln, die mich vor der gefühlten Entwertung schützen sollen. Und diese uns vermeintlich schützenden Eigenschaften machen unser Leben furchtbar anstrengend. Da geht es dann um Perfektionismus, Narzissmus, Harmoniesucht, Streben nach Anerkennung, Macht, übermäßige Kontrolle und Sicherheit. Die Folge: Wenn uns etwas nicht perfekt gelingt, werden wir wütend, wenn etwas außer Kontrolle gerät, bekommen wir Angst, wenn sich unsere Wünsche nicht erfüllen, fühlen wir uns traurig.

Das Gute ist: Wir sind auf diese Verhaltens- und Gefühlsmuster nicht festgelegt. Gehen wir in die Stille und werden uns unserer negativen Muster bewusst, können wir mit ihnen in einen Dialog treten.

Wir verstehen dann, woher sie stammen, und wenn wir ihnen im Geiste geben, was sie brauchen, werden wir innerlich freier, ruhiger und zufriedener.

## Einladung zum Fühlen, Denken und Handeln

### Fragen

- Welche Bereiche deines Lebens sind von negativen Emotionen bestimmt?
- Wie kannst du mit den schwierigen Anteilen deiner Person »Frieden schließen«?
- Was ist der wahre Grund für deine negativen Emotionen? Äußere Umstände, Ansichten und Meinungen oder frühkindliche Erfahrungen?
- Welche Situationen oder Verhaltensweisen ärgern dich, machen dich wütend oder traurig? Wie kann es dir gelingen, sich nicht von ihnen beherrschen zu lassen?

### Aufgaben: Unbewusste Bilder

- Entdecke dein unbewusstes Selbstbild: Gehe in die Stille und versuche, Antworten auf folgende Fragen zu finden: Was waren die Botschaften, die du als Kind vom Vater, von der Mutter oder anderen dir nahestehenden Menschen immer wieder gehört hast? Was waren typische Sätze, mit denen sie auf dein Verhalten reagiert haben? Was haben sie gesagt, wenn du einen Feh-

ler gemacht hast? Was hast du in dem Moment gefühlt? Und wo begegnet dir dieses Gefühl in deinem heutigen Alltag? Welche Parallelen entdeckst du zu deinen Gefühlen als Kind und deinem heutigen Verhalten? Welche deiner Eigenschaften oder Verhaltensmuster empfindest du als negativ? Über welche deiner Verhaltensweisen (oder anderer) ärgerst du dich immer wieder? Vervollständige schriftlich folgenden Satz: »Dinge, die mich ärgern, sind _____« Denke anschließend darüber nach, wieso sie Ärger in dir auslösen.
- Betrachte die dich wütend machende Situation oder Verhaltensweise aus vier unterschiedlichen Perspektiven: aus der Sicht eines Kindes, eines Jugendlichen, eines Erwachsenen und eines alten, sehr weisen Menschen. Was würde dir jeder Einzelne von ihnen dir raten?

## Übung: Sich innerlich anlächeln und annehmen

Setzte oder lege dich bequem hin, schließe deine Augen und nehme wahr, wie dein Atem geschieht. Lass ein liebevolles Lächeln auf deinem Gesicht entstehen. Gehe nun mit deiner Aufmerksamkeit durch deinen ganzen Körper. Beginne bei den Beinen und erspüre, wo in deinem Körper du dich wohlfühlst oder wo du Spannungen wahrnimmst. Was auch immer du empfindest, lächle dir innerlich zu, denn in diesem Moment ist alles gut so, wie es ist. Du musst weder etwas erreichen noch leisten oder verändern.

Leite einfach dein inneres Lächeln durch den Körper und fülle ihn mit deiner ganzen Liebe. Fühle dich angenommen. Nimm dir für diese Übung zehn Minuten Zeit und praktiziere sie, wenn du dich gerade unwohl in deiner Haut fühlst.

# Mai

# Vertrauen stärken

*Das Geheimnis von Freiheit ist Vertrauen.*

## Wie Vertrauen wächst

Lasse ich auf Vorträgen oder in Seminaren die Teilnehmer und Teilnehmerinnen an den Erlebnissen meiner im Jahr 1998 stattgefundenen Entführung teilhaben, erfahren sie auch, dass es mein damals engster Freund gewesen war, der meine Entführung mit ihren acht Scheinhinrichtungen nicht nur eingefädelt, sondern meinen Tod auch billigend in Kauf genommen hatte. Ich sollte die Entführung nicht überleben. Eine der häufigsten Fragen, die mir gestellt werden, wenn ich von meinem Kidnapping erzählt habe, lautet: »Bodo, kannst du danach überhaupt noch jemandem vertrauen?« Formuliere ich dann ein klares und deutliches »Ja«, blicke ich in viele erstaunte Gesichter.

Eine Welt, in der unser Vertrauen nicht enttäuscht wird, gibt es nicht. Jeder von uns erfährt durch seine Mitmenschen Enttäuschung, Entmutigung oder Entmündigung. Und jede derartige Erfahrung führt dazu, dass unser Vertrauen ins Leben oder in die Menschen schwindet.

Als Kinder haben wir ein Urvertrauen. Oder auch nicht. Denn es ist entscheidend, von welchen Menschen ich in jungen Jahren essenzielle Zuwendung erfahre. Je näher mir diese Person steht, desto größer ist der Einfluss auf mein Vertrauen. Doch leider können wir uns die Menschen, denen wir als Kinder begegnen, nicht aussuchen. Manchen sind wir einfach ausgeliefert. Es liegt also nicht an uns, wie fest oder brüchig unser Vertrauen ist, mit dem wir unseren Weg als Erwachsene antreten. In unserer Macht steht allein, wie wir mit dem verloren gegangenen oder brüchigen Vertrauen umgehen: Wollen wir unserem Misstrauen weiter ausgeliefert sein? Oder wollen wir daran arbeiten, wieder vertrauensvoll zu werden?

Doch Vertrauen ist nichts, was ich einfach beschließen oder worüber ich verfügen kann. Ich werde weder mir noch anderen vertrauen, nur weil ich die Entscheidung treffe, es tun zu wollen. Genauso wenig funktioniert es umgekehrt. Auch mir wird niemand vertrauen, nur weil ich es will. Aber ich kann es üben, kann lernen, wieder mehr zu vertrauen. Vertrauen entsteht oder wächst, wenn ich erfahrungsbasierte Gründe dafür finde.

Ich selbst habe zwei Wege gefunden, mit denen ich mein Vertrauen ins Leben, in mich und die Menschen immer weiter stärken konnte. Bei dem einen geht es darum, sich ein bisschen besser kennenzulernen, um Selbsterkenntnis. Wenn ich diesen Weg beschreite, komme ich an den Meilensteinen meines Lebens vorbei, auch an denen meiner Kindheit. Dabei entdecke ich, wer ich war und zu wem ich geworden bin. Ich werde mich an Situationen erinnern, in denen ich vertrauenswürdigen Menschen begegnet bin oder in denen ich das Vertrauen in mich durch bestandene Abenteuer stärken konnte. Mir wurde bei diesem Weg bewusst, dass ich als Kind unglaublich viel ausprobiert habe, einige Wagnisse eingegangen bin. Nicht selten führten meine Exkursionen dazu, dass meinen Eltern graue Haare wuchsen. Platzwunden, zerschnittene Finger, sich beschwerende Nachbarn oder abendliche Suchaktionen waren es aber letztlich, die mir vor Augen führten: Alles wird gut. Sich auf diesen Weg einzulassen, hat ein bisschen davon, das eingangs besagte Rätsel zu lösen. Und zwar das Rätsel »Wer bin ich? Und wieso bin ich, wie ich bin?«. Vieles von dem, was unser Vertrauen stärkte, liegt in uns versteckt. Und nun gilt es, es zu finden und uns bewusst zu machen.

Der zweite Weg bestand darin, eine Grundsatzentscheidung zu treffen. Eine solche ist für mich eine, die unwiderruflich bis zum Ende meines Lebens gilt. Sie hat für mich die Qualität eines kompromiss- wie bedingungslosen Commitments, eines Bekenntnisses oder auch eines Gelöbnisses. Für mich sind Grundsatzentscheidungen das A und O zu einem erfüllten Leben.

So habe ich zum Beispiel vor gut zwanzig Jahren die Grundsatzentscheidung getroffen, bis zu meinem Lebensende nicht mehr zu rauchen. Zuvor hatte ich täglich eine Packung Zigaretten gebraucht. Doch im Frühjahr 2001 rauchte ich, gelehnt an mein Auto, genüsslich die letzte Zigarette. Als ich dann nur noch den Stummel in der Hand hielt, sagte ich in die mit diesem Moment einhergehende Stille hinein: »Bodo, das war die letzte Zigarette in deinem Leben, komme, was wolle!« Und so war es auch. Selbst ein paar Wochen nachdem ich diese Entscheidung getroffen hatte und ein ziemlich angeschickerter Gast einer Party war, hatte ich nicht das geringste Bedürfnis gehabt, mir eine Zigarette anzustecken. Es war, als hätte diese vehemente Entscheidung jegliches Verlangen nach einer Zigarette gelöscht. Und als ich mich Jahre später an die Kraft solcher Entschlüsse erinnerte, kultivierte ich diese »Methode« für mein weiteres Leben.

Vor knapp zehn Jahren traf ich dann eine weitere Grundsatzentscheidung, die ganz nebenbei die Stärkung meines Vertrauens bewirkte: »Bodo, alles, aber auch wirklich alles, was dir im Leben begegnet, betrachtest du ab sofort als Gelegenheit, als Mensch zu wachsen.« Und wenn die Umsetzung dieses Entschlusses manchmal utopisch erschien, konnte ich immer wieder erfahren, dass besonders die kritischen, häufig mit extrem negativen Emotionen besetzten Situationen hilfreich dabei waren, um mich als Mensch weiterzuentwickeln. Jeder von ihnen stärkte mein Vertrauen. Und das erklärt auch, weshalb ich nach meiner Entführung mein Vertrauen nicht verloren habe. So unangenehm und enttäuschend die Erfahrungen mit meinem ehemals besten

Freund war, im Nachhinein betrachtet war diese Erfahrung ein extrem wichtiger Meilenstein auf meinem Weg in ein gutes Leben.

Meine Erkenntnisse über Vertrauen:

- Wir sind nicht festgelegt auf das vielleicht in unserer Kindheit entstandene brüchige Vertrauen.
- Vertrauen entwickelt sich aus dem Bewusstsein heraus, wer ich bin und was ich kann. Daraus, dass alles, was mir im Leben begegnet, für irgendetwas gut ist.
- Wenn ich mich ausprobiere: Ohne ein Risiko einzugehen, kann kein Vertrauen entstehen.
- Wer Vertrauen ins Leben gefasst hat, den bringt nichts mehr aus der Ruhe.
- Sich in Vertrauen zu üben, lohnt sich.

## Einladung zum Fühlen, Denken und Handeln

### Fragen

- An welche kritischen Lebensereignisse erinnerst du dich, die am Ende doch noch glimpflich ausgegangen sind?
- Welche deiner bisher gemachten Erfahrungen helfen dir auch in Zukunft, darauf zu vertrauen, dass es gut wird?

- Durch welches konkrete Verhalten wirst du Mitmenschen gegenüber in diesem Monat Vertrauen zum Ausdruck bringen?
- Wo bist du in diesem Monat dazu bereit, ein Risiko einzugehen?

## Aufgaben: An Vertrauen erinnern

- An welche dein Vertrauen stärkende Menschen oder Situationen erinnerst du dich? Was ist dort geschehen, und wieso hat genau das dein Vertrauen gestärkt? Gehe zur Beantwortung dieser Aufgabe in die Stille und reise gedanklich zurück in deine Vergangenheit. Versuche, dich an Situationen zu erinnern, in denen du voller Vertrauen warst. Auch daran, welches Gefühl in Gegenwart der Menschen entstand, die an ihnen beteiligt waren. Wie fühlte sich das an? Fühle diesem Gefühl von Vertrauen ganz bewusst nach, vielleicht kannst du es sogar innerlich »abspeichern«. Begegnest du nun Menschen, in deren Gegenwart sich dieses von dir abgespeicherte Gefühl einstellt, ist das ein gutes Zeichen, diesen Menschen vertrauen zu können.
- Erstelle eine Liste »vorweggenommener Entscheidungen«. Finde heraus, welche unwiderruflichen Grundsatzentscheidungen dich gut durchs Leben führen. Beginne diese Liste mit den Wörtern: »Ich gelobe …«, »Ich bekenne mich dazu …«, »Ich committe mich darauf …«

(zum Beispiel: »jeden Augenblick als Chance zu verstehen, als Mensch zu wachsen«; »jede Begegnung als Möglichkeit zu betrachten, sich gegenseitig zu stärken«; »mich nur auf das zu konzentrieren, worüber ich verfügen kann«.)

## Übung: Türwächter

Nimm eine Sitzposition ein, schließe die Augen, atme ganz natürlich und beobachte, wie dein Atem in seinem Rhythmus geschieht. Stelle dir nun einen Türwächter vor, den du vor der Tür deines Geistes platzierst und dem du die Aufgabe erteilst, die bei dir anklopfenden Gedanken zu überprüfen. »Bist du Freund oder Feind?« ist die Frage, die der Wächter jedem einzelnen in uns eintreten wollenden Gedanken vorhält. Den negativen, uns krank machenden Gedanken wird der Zugang verweigert. Zutritt erhalten nur die Gedanken, die uns guttun. Mit ein bisschen Übung wirst du deinen Türwächter auch problemlos im Alltag aktivieren können.

Nimm dir für diese Übung 15 Minuten Zeit, praktiziere sie regelmäßig oder immer dann, wenn du das Gefühl hast, dass deine negativen Gedanken im Alltag überhandnehmen.

# Juni

# Demut begreifen

*Demut ist der Mut, in die Tiefen seines Selbst hinabzusteigen und seiner eigenen Wahrheit ins Gesicht zu schauen.*

Anselm Grün

## Wieso Demut den Weg zur eigenen Wahrheit pflastert

Erkundige ich mich in Gesprächen mit Mitarbeitern, Kursteilnehmern oder Freunden danach, was sie unter Demut verstehen, fallen auch immer wieder Begriffe, die auf ein negatives Bild von Demut hinweisen. Da ist dann die Rede davon, sich zu erniedrigen, sich kleinzumachen, zu Kreuze zu kriechen oder sich zu unterwerfen. Manche sprechen von Demütigung oder Beschämung, die der Starke dem Schwachen zufügt. Demut bedeutet in ihren Augen, schwach zu sein. Und so ist es nicht verwunderlich, dass nur wenige Demut für tauglich halten, um sich in unserer Leistungsgesellschaft, in den Haifischbecken vieler Unternehmen zu behaupten, geschweige denn, sich weiterzuentwickeln.

Die Erfahrungen, die ich mit Blick auf die Demut machte, waren so anders wie wertvoll und glichen gar nicht den von Mitmenschen geäußerten Ansichten. Meine erste bewusste Beschäftigung mit Demut fand 2010 in einem Klosterseminar des Team Benedikt statt, das Führung zum Thema hatte. Einer der dort aufgenommenen Sätze, die meine Lebens- und Führungsweise entscheidend beeinflussten, lautete: »Führung ist kein Privileg. Führung ist eine Dienstleistung.« Und die Führungsdienstleistung, so lernte ich, bestand darin, alles dafür zu tun, dass die Menschen in meinem Unternehmen ihre Aufgaben gut erledigen und sich als Persönlichkeit entwickeln können. Um diesen Impuls zu unterstreichen, erhielten wir die Gedanken einer mexikanischen Hausfrau mit dem Namen Christina Souza über Führungsqualität:

*Nur wer anderen dient, kann auch führen.*

*Dienen ist ein Merkmal wirklicher Führungsqualität.*

*In der natürlichen Ordnung der Dinge ist es oft das Höhere, das dem Niederen dient.*

*In der menschlichen Gesellschaft zum Beispiel dient der Lehrer dem Schüler, der Vater dem Sohn, der Trainer der Mannschaft. Autorität ist also kein persönliches Privileg, sondern die höchste Form des Dienens.*

Als wir uns dann noch mit den sprachlichen Wurzeln des Begriffs »Demut« befassten, schloss sich für mich ein erster Kreis. Der Ausdruck »Demut« stammt vom althochdeutschen Wort *diomuoti* ab, das wiederum aus den beiden Bestandteilen »dienen« *(diōnōn)* und »Mut« *(muot)* besteht. Demut ist also der »Dien-Mut«, der Mut zum Dienen. In der Führung hilft die Demut, uns nicht über den anderen zu erheben und damit uns selbst und unser Gegenüber in unserer Menschlichkeit zu sehen. Demut ist also die Voraussetzung, in einem selbst und in anderen das Menschliche zu entdecken. Demut ist also die entscheidende Eigenschaft, um herauszufinden, wer wir sind. (Übrigens: Was hast du in den ersten sechs Monaten mit diesem Buch schon über dich herausgefunden?)

Wer bin ich? Diese Frage sprach mich an, und so recherchierte ich und fand Texte, in denen es um Demut ging. Etwa die Regel des heiligen Benedikt, *Regula Benedicti*, in der allein zwölf Stufen der Demut beschrieben werden, die zu einer genauen Selbsteinschätzung führen. Diese war für ihn die Grundlage für den rechten Umgang mit sich, anderen und dem Leben an sich.

Ich begann damit, meine Gedanken zur Demut allein (in der Stille) aufzuschreiben oder mit anderen (in Kursen, Seminaren oder Curriculae) über sie zu sprechen. Die Erkenntnisse, die sich daraus ergaben, versuchte ich immer wieder in die Tat umzusetzen. Heute bin ich davon überzeugt, dass ich ohne die Demut in meinem Leben psychisch, physisch und sozial zusammengebrochen wäre, sowohl persönlich als auch unternehmerisch.

Demut ist der Mut, dem eigenen und dem Leben anderer zu dienen. Sie ist für mich ein wesentlicher Pflasterstein geworden auf dem Weg in ein Dasein, in dem ich authentisch sein darf, das meiner Würde, meiner wahren Natur und Persönlichkeit entspricht. Ein Leben im Einklang mit mir selbst, das von Ruhe und Freiheit und nicht von den Vorstellungen anderer bestimmt wird.

Um Demut bewusster zu entwickeln, können dir diese Aussagen helfen:

- Demut beschreibt die Bereitschaft, sich selbst gegenüber ehrlich zu sein.
- Demut ist Fähigkeit und Bereitschaft zugleich, sich bedingungslos anzunehmen.
- Demut ist eine wichtige Voraussetzung dafür, wieder der Mensch zu werden, der wir sind.
- Demut hilft mir dabei, mich von dem Zwang zu befreien, andere Menschen beeindrucken zu wollen.
- Sie ist die Voraussetzung dafür, mit sich selbst gütig sein zu können.

Ein erster Schritt, um sich in Demut zu üben, besteht darin, sich seiner Schwächen bewusst zu werden. Ein zweiter Schritt, diese Schwächen auch anzunehmen. Ein schöner Nebeneffekt: Es wird einem leichter fallen, den Schwächen und Fehlern anderer gelassener zu begegnen. Demut entwickelt nämlich meine Fähigkeit, meinem und dem unreifen Verhalten mancher Mitmenschen mit einem freundlichen Lächeln begegnen zu können.

Vielleicht kannst du inzwischen nachvollziehen, dass Demut keine Schwäche ist. Das Gegenteil ist der Fall, denn Demut führt uns zu unserem inneren Kern. Und je näher wir diesem kommen, desto stärker und resilienter werden wir. Und irgendwann spüren wir eine Kraft in uns, die uns dabei unterstützt, den Hochmütigen um uns herum mit Ruhe und Gelassenheit zu begegnen. Wir gleichen dann einer Eiche, an der sich der Hochmütige kratzt wie eine Sau.

## Einladung zum Fühlen, Denken und Handeln

### Fragen

- Worin besteht für dich die Würde des Menschen?
- Was können die Wissenden von den Weisen lernen? Die Reichen von den Armen? Die Erwachsenen von den Kindern? Die vermeintlich Starken von den vermeintlich Schwachen?
- Welcher deiner Schwächen bist du dir bewusst? Wie begegnest du deinen Schwächen? Wie den Schwächen deiner Mitmenschen?
- Welches Menschenbild trägst du in dir? Wie würdest du es beschreiben?

## Aufgaben: Perspektivwechsel

- Gehe in die Stille und verfasse einen Bericht mit der Überschrift »Meine Jahre als Ehefrau/Ehemann/Tochter/Sohn von …«. Für den Bericht versuchst du, dich in einen dir sehr nahestehenden Menschen (Sohn/Tochter/Ehefrau/Ehemann) zu versetzen. Stell dir vor, du bist er/sie und dir wird die Frage gestellt, woran er/sie sich erinnert, wenn er an die gemeinsamen Jahre mit dir als Ehefrau/Ehemann/Sohn/Tochter zurückdenkt. Schreibe alles in der Ich-Form. Schreibe alles auf, was dir einfällt.
- Stelle die zweite Frage dieses Monats auch deinen Mitmenschen. Vielleicht vor einer Besprechung, bei einem Treffen mit Freunden oder Gleichgesinnten.

## Übung: Umarme alles in dir (von Anselm Grün)

Stelle dich aufrecht hin. Kreuze deine Hände über der Brust, sodass die Fingerspitzen deine Schultern berühren: So, als würdest du dein tiefstes Inneres beschützen wollen. Schließe deine Augen und nehme wahr, wie dein Atem geschieht. Beobachte die Stille in dem von deinen gekreuzten Armen geschützten Raum und sprich dort Folgendes hinein: »Ich umarme in mir das Starke und das Schwache, das Gesunde und das Kranke, das Erfolgreiche und das Erfolglose, das Gelungene und das Misslungene, das Vertrauen und die Angst, die Freude und die

Trauer, das Ansehnliche und das Unansehnliche, das Bewusste und das Unbewusste – und nehme mich an, wie ich bin.«

Diese Übung kannst du als regelmäßiges Abendritual in deinen Alltag einbringen.

# Juli

# Verbundenheit fördern

*Wir sind nicht unabhängige Einzelne, sondern voneinander abhängige viele.*

Buddhistische Weisheit

## Was uns mit jedem Menschen verbindet

Als ich meine Frau am zweiten Wochenende des ersten Lockdowns im Angesicht des drohenden Verlusts unserer Existenzgrundlagen fragte, was denn bleibt, wenn uns alles genommen werden würde, antwortete sie nach einem Moment des Nachdenkens: »Solange wir uns als Familie haben, etwas zu essen und ein Dach über dem Kopf, ist das alles, was wir brauchen.« Ihre Worte schenkten mir damals unglaublich viel Kraft. Denn sie machten mir einmal mehr deutlich, dass wir ein gemeinsames Verständnis davon hatten, was uns Geborgenheit schenkt. Und das war für uns unsere Familie, unsere Gemeinschaft in Verbundenheit mit Menschen, die wir bedingungslos lieben.

Tage später dachte ich noch einmal darüber nach, was diese Antwort in mir ausgelöst hatte, und erinnerte mich an eine Übung, die ich im Rahmen eines unserer Curricula durchgeführt hatte. Damals hatte ich die Gruppe gebeten, sich für eine bestimmte Zeit in die Stille zu begeben, um in sich zu spüren, was für jeden Einzelnen gelingende Beziehung bedeutet. Die Antworten ergaben folgende Werte: Liebe, Nähe, Geborgenheit, Verbundenheit, Sicherheit, Stärkung und auch solche, bei denen es nicht nur ums eigene Wohlgefühl ging, sondern auch darum, sich mehr zuzutrauen. Letztlich geht es in einer Gemeinschaft darum, sich das gute Leben gegenseitig zu ermöglichen und es nicht auf Kosten anderer zu leben.

Gefühle von Geborgenheit, Sicherheit, Nähe oder Verbundenheit wirken sich wie Dünger auf unsere weitere Entwicklung aus. Sei es bei einem selbst oder einer Gruppe. Die für mich aus diesen Erfahrungen gewonnene Erkenntnis lässt sich in einem Satz zusammenfassen: »Wenn du weißt, wer hinter dir steht, ist es egal, was vor dir liegt!«

Aber nicht nur das. Auch wenn wir als Menschen wachsen, uns unserer Würde bewusst werden wollen, bedürfen wir einander, denn ohne die Begegnung mit anderen Menschen erfahren wir uns nicht in unserer Einzigartigkeit. Menschen begreifen ihre Einzigartigkeit in dem Moment, in dem ich mich mehr für sie als Mensch, mit all ihren Stärken und Schwächen, interessiere, als für das, was sie imstande sind zu leisten. Wenn ich auf meine Mitmenschen schaue wie auf ein großes Geheimnis, das ich mit der Neugier eines Kindes zu lüften versuche. Wenn ich Menschen jedoch dazu auffordere, sich anzupassen, oder ich nur auf das blicke, was sie erreichen, werden sie sich ihrer Würde nie bewusst werden können, sondern nur dessen, was sie imstande sind zu schaffen. Wollen wir uns also zu starken Persönlichkeiten in einer Gemeinschaft entwickeln, dürfen wir uns nicht dazu auffordern, uns gegenseitig anzupassen, dürfen wir uns nicht gegenseitig unseren Willen aufzwingen. Und gelingt uns das, wirkt dieses sich daraus entwickelnde Zugehörigkeitsgefühl wie Dünger auf unser persönliches Wachstum.

Eine gute Beziehung zu mir selbst baue ich auf, wenn ich die Frage »Wer bin ich?« zu beantworten versuche. Eine gute Beziehung zu meinen Mitmenschen baue ich auf, wenn ich mir die Frage »Wer bist du?« zu beantworten versuche. Die Brücke vom Ich zum Wir führt über das Du! In einer guten Gemeinschaft geht es also darum, sich gegenseitig zu unterstützen, sich als Mensch ein bisschen besser kennenzulernen. Nun begegnen wir in unserem Leben aber nicht nur Menschen, die ein unbedingtes Interesse daran haben, dass wir uns weiterentwickeln. Aber auch diesen Personen können wir mit einer Haltung begegnen, die uns weiter voranbringt.

Während unserer jährlichen Klostertage, die wir mit einer Handvoll Mitarbeiter in der Abtei Münsterschwarzach verbringen, haben wir die These »Jeder Mensch, der mir begegnet, ist mein Lehrmeister« einmal konkret durchgespielt. Eine Mitarbeiterin der Rezeption hatte einen Gast vor Augen, der ihr aufgrund seines arroganten und aggressiven Tons die

Arbeit zur Hölle machte. Jedes Mal, wenn ihr dieser Mensch begegnete, fühlte sie sich wie ein dummes Mädchen. Es schien gerade so, als hätte dieser Gast es regelrecht nötig gehabt, andere kleinzumachen, um sich selbst größer zu fühlen.

Niemand ist von Natur aus böse, sondern meist nur aus Verzweiflung. Also überlegten wir, welche Chance in dieser Begegnung steckt und welcher Haltung oder welchen inneren Bildes es bedarf, diese auch tatsächlich ergreifen zu können. So entstand der Gedanke, in diesem Gast einen Lehrer zu sehen, mit dem sich die Mitarbeiterin in einer Art Prüfungssituation befindet: Er möchte überprüfen, wie sehr sie ihm »auf dem Leim geht«, ob sie sich verunsichern lässt oder ob sie dazu in der Lage ist, etwas zu tun, damit beide gestärkt aus dieser Situation hervorgehen.

Auch ich bediene mich dieser Vorstellung gerade vor Begegnungen mit Menschen, die es bewusst oder unbewusst verstehen, mich innerlich aufzuwühlen. Menschen, die den »roten Knopf« bei mir finden und drücken wollen. Aber ich nutze neben dem Lehrerbild noch ein anderes, das für mich sehr kraftvoll ist und mich dabei unterstützt, durch die Begegnungen mit schwierigen Menschen zu wachsen: Es ist das Bild des Arztes. Also eines Menschen, der es versteht, meine Krankheiten und Verletzungen zu identifizieren. Mir ist bewusst, dass ein Arztbesuch genauso wenig zu den angenehmsten Situationen im Leben eines Menschen gehört wie die Begegnung mit einem schwierigen Menschen. Aber in der Regel hilft so ein Besuch, uns von Beschwerden zu befreien. Und was für den Nutzen eines Arztbesuchs gilt, kann auch für die Begegnung mit schwierigen Menschen gelten.

In dem Moment, in dem ich Menschen treffe, die mich emotional fordern, deren Ansprache oder Verhalten mich nervt, ärgert, reizt, verletzt oder wütend macht, stelle ich mir vor, einem behandelnden Arzt gegenüberzustehen. Einem Arzt, der meine eigenen Wunden offenlegt, die Symptome meiner »kindlichen« Verletzungen und unterdrückten Bedürfnisse diagnostiziert und mir damit die Gelegenheit gibt, der Ursache meiner negativen Emotionen auf den Grund zu gehen. Denn die Ursache meiner Emotionen liegt in mir, nicht im Gegenüber. Dieser ist nur der Auslöser für die sich in mir breitmachenden Gefühle.

Die inneren Bilder und das Bewusstsein darüber, dass andere, mir schwierig erscheinende und mich fordernde Menschen nur »Auslöser« für meine negativen Emotionen sind, hilft mir wiederum dabei, eine Brücke vom Zorn, von der Angst, ja sogar vom Hass zur Dankbarkeit zu bauen – auch wenn das nicht immer gelingt. Aber ich versuche, mich so gut wie möglich darin zu üben, für jeden mich emotional fordernden Menschen dankbar zu sein. Denn gerade die Menschen, die mir das Leben schwer machen, die mich verletzen oder aus der Ruhe bringen, sind nichts anderes als Wegweiser zu meiner wahren Natur. Gerade diesen Menschen sollten wir danken. Sie sind wie Ärzte, die uns die eigenen Wunden offenlegen.

## Einladung zum Fühlen, Denken und Handeln

### Fragen

- Was ist das, was dir noch bleibt, wenn man dir alles nehmen würde?
- Was wirst du in diesem Monat konkret tun, um die Beziehungen zu den dir nahestehenden Menschen zu stärken?
- Was sagt das über dich, wenn dein Gegenüber in dir negative Emotionen lostritt?
- Wie kannst du herausfordernde Begegnungen nutzen, dich als Mensch weiterzuentwickeln?

### Aufgaben: Ein guter Freund sein

- Gehe in die Stille und formuliere einen Text mit der Überschrift »Wie ich für jemanden Freund/Freundin sein kann«. Oder: »Was es mir bedeutet, für jemanden Freund/Freundin zu sein«. Welche konkreten Verhaltensweisen und Eigenschaften fördern die Freundschaft? Welche frustrieren sie? Was wünsche ich mir von einem Freund, einer Freundin? Was bin ich selbst bereit, zu geben? Nutze beim Schreiben eine Auswahl der auf Seite 131f. aufgeführten Verhaltensweisen und Eigenschaften. Meditiere den Text mehrfach, nachdem du ihn verfasst hast.

- Finde einen Menschen, von dem du dich respektiert, verstanden und akzeptiert fühlst und der dich genauso beruhigen wie dir Mut machen kann. Frage diesen Menschen, ob er dir dabei helfen möchte, dich ein bisschen besser kennenzulernen (und umgekehrt).

### Übung: Stille eines Baums

Gehe nach draußen in die Natur und finde einen schönen Ort, vielleicht eine Sitzbank in einem nahe gelegenen Wald. Aber auch ein anderer Platz ist denkbar, wichtig ist nur, dass du einen Baum betrachten kannst. Atme nun zwei-, dreimal ganz bewusst ein und lenke deine Aufmerksamkeit auf den Baum. Betrachte nicht nur ihn, sondern versuche auch, seine Stille zu erfassen. Nehme sie in dir auf. Bleibe so 15 Minuten sitzen. Verbinde diese Übung mit Spaziergängen. Wenn du magst, kannst du die Stille des Baums in dir verinnerlichen. Wenn du dich später zum Meditieren hinsetzt, erinnere dich an diesen Augenblick, an diesen Anblick der Stille.

# August

# Freiheit atmen

*Das Geheimnis von Glück ist Freiheit.*

## Wieso jeder Mensch (innerlich) frei ist

Im März 2021 war ich mit dem Pressesprecher einer großen Bank in Frankfurt verabredet. Wir kennen uns schon länger, sind uns sehr verbunden und hatten uns darauf verständigt, die Inhalte meines Buchs *Eine Frage der Haltung* in einer gemeinsamen und für die Bankmitarbeiter öffentlichen Videoschaltung näherzubringen.

Nachdem ich in der Bank angekommen war, meinen obligatorischen Corona-Schnelltest absolviert hatte, nahm mich eine Mitarbeiterin in Empfang und begleitete mich zum Besprechungsraum in der 32. Etage. Ich nahm Platz und wartete darauf, dass mein Freund und Pressesprecher kam und wir mit dem Dialog für die Mitarbeiter beginnen konnten. Doch er erschien nicht. Stattdessen trat seine Mitarbeiterin ein und ließ mich wissen, alles würde noch ein bisschen dauern, weil die Anwesenheit meines Gesprächspartners an höherer Stelle gerade vorausgesetzt wurde. »Ruft« der Vorstand, gibt es kein Pardon.

Wohl oder übel musste ich mich noch ein bisschen gedulden. Ich saß in dem vielleicht 20 Quadratmeter großen, sonnendurchfluteten Raum auf einem Stuhl und beobachtete durch die schalldichten Glasscheiben das hektische Treiben auf dem Flur. Mir gegenüber am runden Tisch, an dem ich Platz genommen hatte, stand ein großer Monitor mit einer Kamera, auf dem schon alles für die bevorstehende Videoschalte mit Hunderten von Mitarbeitern eingerichtet war. Auch für den Techniker schien es offensichtlich nichts mehr zu tun zu geben, und so verabschiedete er sich bei mir via Bildschirm mit dem Hinweis, dass ich mich bei auftauchenden Fragen nur melden müsse, er säße auf der »anderen« Seite des Bildschirms und könne sich im Bedarfsfall schnell in den Raum schalten.

Ich entschied mich, für den unerwarteten Freiraum in die Stille zu gehen – und fing an zu meditieren. Ich saß einfach da auf meinem Stuhl, aufrecht und bewegungslos, achtete nur auf meinen Atem und spürte, wie mich nach und nach diese nicht in Worte zu fassende Leichtigkeit erfüllte. Es ging mir schlichtweg gut. Irgendwann, nach einer für mich nicht einschätzbaren Zeitspanne, klopfte es zaghaft an der Tür und der Haustechniker steckte seinen Kopf durch den sich öffnenden Spalt. Nachdem ich meine Augen öffnete und mich ein wenig rührte, merkte ich, wie er sich entspannte; er schien geradezu erleichtert zu sein, dass ich mich bewegte. Dann ließ er mich an seiner Sorge teilhaben, er hätte angenommen, die Technik würde streiken, da das Videobild von mir so eingefroren gewirkt hätte. Doch dann hätte er beim Hereintreten bemerkt, dass nicht die Technik das Problem war, sondern ich einfach nur regungslos dagesessen hätte. Zudem teilte er mir mit, dass schon bald die Videokonferenz anfangen solle.

Als mein Freund dann deutlich später als verabredet den Besprechungsraum betrat, wirkte er unglücklich, betroffen. Mich warten zu lassen, war ihm besonders aufgrund unserer Verbundenheit äußerst unangenehm. Er entschuldigte sich mehrfach und erläuterte, in der Bank sei gerade mächtig was los. Doch nicht ansatzweise hatte ich das Gefühl, dass er sich bei mir entschuldigen müsste. Im Gegenteil, er hatte mir durch die Verspätung die Möglichkeit beschert, eine kostbare Dreiviertelstunde zu meditieren, in die Stille zu gehen.

Ich war für diesen Termin sehr dankbar. Ganz offensichtlich war es mir möglich gewesen, trotz widriger Umstände meinen inneren Frieden zu bewahren. Das gelingt mir nicht immer. Aber die Erfahrung in Frankfurt machte mir erneut deutlich, dass wir letztlich die Freiheit haben, wie wir uns auf bestimmte Situationen einstellen. Dass nicht die äußere Welt das Problem ist, sondern die Art und Weise, wie wir mit ihr umgehen. Das unterscheidet auch innere von äußerer Freiheit. Äußere Freiheit bedeutet, alles entsprechend meinen Wunschvorstellungen zu gestalten. Doch das ist nicht möglich. Und wenn nun unsere innere Zufriedenheit noch davon abhängig ist, dass all unsere Wünsche in Erfüllung gehen, dass alles immer so läuft, wie wir uns das vorstellen, ist Frust vorprogrammiert: Kein Mensch wird die Welt, in der er lebt, vollständig nach seinen Wünschen ausrichten können. Egal, wie groß, stark, intelligent, mächtig oder reich er ist.

Die Wahl, wie wir uns zu etwas verhalten, ist also die einzig wirklich existierende Freiheit; sie gilt für jeden Menschen. Und bei dieser Freiheit geht es darum, sich von dem zu befreien, was uns im Alltag, im Umgang mit anderen Menschen oder in Situationen belastet.

Du kannst folglich aus dem emotionalen Hamsterrad, in dem du dich bewegst, aussteigen. Wir haben jederzeit die Möglichkeit, uns aus einengenden Gedanken und Verhaltensmustern zu lösen, alte Zwänge abzuwerfen und unsere innere Freiheit zu entdecken.

# Einladung zum Fühlen, Denken und Handeln

## Fragen

- Was tust du diesen Monat, um mehr Freiheit zu erleben?
- Wie kannst du dich von dem Zwang befreien, andere Menschen beeindrucken zu wollen?
- Wie kannst du dich von dem Ärger befreien, den das Verhalten anderer Menschen in dir auslöst?
- Wie kannst du jeden Augenblick nutzen, um als Mensch zu wachsen?

## Aufgaben: Reflektieren und wachsen

- Bestimme einen festen Tag, an dem du jede entstehende Situation nutzen möchtest, um als Mensch zu wachsen. Ein Beispiel: Als ich vor ein paar Monaten mit der Bahn nach Bayern unterwegs war, erhielt ich per E-Mail die Nachricht, dass mein Anschlusszug in Hannover entfallen würde. Da ich im Kloster ein Seminar geben wollte, bedeutete diese Nachricht, dass der Kurs deutlich später als geplant beginnen würde. Unter normalen Umständen wäre eine solche Situation ein Ärgernis. Doch der Ärger hätte nichts an der Situation geändert, denn ein Wutausbruch hätte sicher keinen Ersatzzug in den Bahnhof befördert. Mit der Entscheidung, jeden Augenblick zu nutzen, um als Mensch zu wachsen, reagierte ich folgendermaßen: Innerlich dankte ich der Deutschen Bahn für die Möglichkeit, mich in Nachsicht und Geduld üben zu können.

- Der August ist bei mir traditionell die Zeit, um den bisherigen Verlauf des Jahres zu reflektieren. Dabei gehe ich in Gedanken Monat für Monat durch, überlege, wo mir etwas gut gelungen, wo ich aber auch gestresst und erschöpft war. Die daraus gewonnenen Erkenntnisse lasse ich dann in meine Planungen für den weiteren Verlauf des bestehenden und des darauffolgenden Jahres einfließen. Versuche es auch mal: Was ist dir in den letzten Monaten gut gelungen? Wann und wo bist du aus deinem Rhythmus gekommen, hast deine Grundsätze verletzt oder Planungen verworfen? Wo bist du dir treu geblieben und wo nicht? Plane die kommenden Monate und gebe deinen Prioritäten Termine und nicht umgekehrt.

## Übung: Wartezeiten verkürzen

Es braucht Übung, um Achtsamkeit zu leben und Gegenwärtigkeit zu erfahren. Daher solltest du immer wieder überlegen, welche Achtsamkeitsübungen sich unkompliziert in den Alltag integrieren lassen. Eine einfache, aber dennoch wirksame Übung besteht darin, die Atemzüge zu zählen. Sobald dich der Alltag oder das Leben dazu auffordert, zu warten, etwa beim Arzt, im Stau oder vor Gesprächsterminen, beginnst du damit, deinen Atem zu beobachten und die Atemzüge zu zählen. Verzählst du dich jedoch, fängst du wieder von vorne an. Wie weit wirst du kommen?

# September

# Dankbarkeit leben

*Ich bin nicht dankbar, weil ich glücklich bin, sondern ich bin glücklich, weil ich dankbar bin.*

## Wieso dem Glück die Dankbarkeit vorausgeht

Seit über zehn Jahren ziehe ich mich jeden Morgen zurück in die Stille und befasse mich mit den dem guten Leben dienenden Impulsen, Gedanken, Fragen und Übungen. Die Weisheiten und Lehren, auf die ich dabei zurückgreife, bestätigen sich nicht nur in vielen wichtigen Punkten, sie haben auch viele Gemeinsamkeiten. Eine davon besteht darin, dass sich die Welt, wenn es uns gelingt, Dankbarkeit in unser Leben zu integrieren, zum Besseren wandeln wird. Aber nicht nur die Welt, sondern auch für uns persönlich wendet sich vieles zum Guten, wenn wir uns in Dankbarkeit üben. Und das ist nicht aufwendig, wenn ich mir eines meiner Lieblingszitate des Benediktiners David Steindl-Rast anschaue: »Wir sind vom Frieden unseres Herzens nie weiter als einen einzigen Gedanken der Dankbarkeit entfernt.«

Als ich dieses Zitat entdeckte, verstand ich es als Einladung, mir regelmäßig Gedanken darüber zu machen, wofür ich dankbar bin. Im Rahmen meiner morgendlichen Stille begann ich mit der Frage »Wofür bin ich heute dankbar?« und schrieb die Antwort in mein schwarzes Büchlein. Dabei versuchte ich, mir das, wofür ich gerade dankbar war, noch einmal bildhaft vorzustellen, besser noch nachzuempfinden. Es hat ein bisschen gebraucht, bis mir Parallelen zwischen meiner morgendlichen Übung und Bruder Davids Zitat bewusst wurden. Doch als es bei mir klick machte, begann ich, über mein morgendliches Ritual hinaus so häufig wie möglich Danke zu sagen, insbesondere in den Phasen, in denen es mir nicht so gut ging. Es gab auch einen Grund, weshalb es bei mir klick machte: Mir war klar geworden, dass sich im Moment des Dankens, in dem Moment, in dem ich an das dachte, wofür ich dankte, und es aufschrieb, keine negativen Gefühle und Gedanken ausbreiten konnten. Kurz: Im Moment des Dankens war ich innerlich zufrieden und glücklich – und es ging letztlich nur darum, etwas zu finden, wofür ich danken konnte.

Das war nicht immer einfach. In der Anfangsphase lag mein Fokus bei der Beantwortung meiner Dankes-Frage auf den eindrücklichen, schönen Ereignissen und Dingen des Lebens. Doch nach einiger Zeit hatte ich das Gefühl, dass ich mich im Kreis drehte, ich mich wiederholte. Es schien daher sinnvoll, mir der vermeintlich selbstverständlichen Dinge bewusster zu werden. Dafür begab ich mich mental in Situationen, in denen ich auf etwas Selbstverständliches verzichten musste. Sei es die Toilette oder die Dusche, auf die ich etwa während der Exkursion mit unseren Azubis in die Arktis verzichten musste. Was war ich dankbar, als ich nach zwei Wochen im Eis wieder warm duschen und eine Toilette benutzen konnte. Oder während unserer Reisen nach Afrika, bei denen wir beobachteten, wie selbst Kinder damit beschäftigt waren, Wasser in Kanistern auf ihren Köpfen kilometerweit zu transportieren. Im Bewusstsein, wie Millionen Menschen ohne fließend Wasser auskommen müssen, gelang es mir, dankbar für einen Wasserhahn zu sein.

Doch ich entdeckte noch eine andere Möglichkeit, meine Augen für das zu öffnen, für das sie in meiner alltäglichen Geschäftigkeit häufig blind blieben. Diese Option fasste ich zusammen in dem Satz: »Die Unsicherheit von morgen ist eine Einladung für mich, heute dankbar zu sein.« Wenn ich nicht weiß, ob ich auf das, was heute ist, morgen noch bauen darf, werde ich es mit ganz anderen Augen betrachten. Wenn ich mir vorstelle, dass heute der letzte Tag meines Lebens ist, werde ich die Welt mit anderen Augen sehen.

Schon öfter habe ich Situationen erlebt, in denen ich nicht wusste, ob und wie es am nächsten Tag weitergeht. Und gerade in ihnen nahm ich nicht nur alles viel bewusster wahr, sondern war auch sehr dankbar für das, was ich an diesem Tag noch erleben durfte. Meine Erkenntnis: Nehme ich mir vor, mich in Dankbarkeit zu üben, werde ich unweigerlich auch aufmerksamer und bewusster durch den Tag gehen. Dankbarkeit und Achtsamkeit fordern und fördern sich gegenseitig. So praktizierte Dankbarkeitsübungen lenkten meinen Fokus mehr auf das, was ich hatte, als auf das, was ich noch vermeintlich brauchte. Schon nach wenigen Wochen hatte ich das Gefühl, dass mir das bewusste Danken dabei half, mich der Konsum- und Leistungsgesellschaft besser entziehen zu können. Es entstand eine Art Bescheidenheit, die sich sogar in niedrigeren Kreditkartenabrechnungen niederschlug. Je mehr ich mich über das freute, was ich hatte, desto geringer war das Verlangen, sich etwas Neues anzuschaffen.

Dann erfuhr ich aber noch von einer Dankbarkeit, die weit über das hinausgeht, was wir an guten Dingen erfahren haben. Und das ist die bedingungslose Dankbarkeit für alles, was uns der Tag beschert. Gutes genauso wie weniger Gutes oder sogar Schlechtes. Natürlich ist es schwer, für negative Erlebnisse und Ergebnisse, für Krisen, Krankheit oder Misserfolg dankbar zu sein. Aber darum geht es nicht. Vielmehr darum, für die Gelegenheiten dankbar zu sein, die sich aus den negativen Ereignissen ergeben. Es geht nicht um Dankbarkeit für die Krise an sich, sondern um die Dankbarkeit für all das Positive, das sich aus einer Krise ergibt. Jede Krise, die ich bislang erlebte, hatte mir wertvolle Impulse für das eigene Leben, für das in der Familie oder für die Entwicklung im Unternehmen gegeben.

Und für genau diese sich aus dem Schlechten heraus entwickelnden Gelegenheiten konnte ich dankbar sein. Das Einzige, was es dazu bedurfte, war, die in der Krise verborgenen Chancen zu erkennen, anzuerkennen und zu nutzen.

Die Fähigkeit, bedingungslos dankbar zu sein für das, was ist, ist das Fundament, auf dem unser Glück wächst. Je bedingungsloser die Dankbarkeit, desto größer das Glück.

## Einladung zum Fühlen, Denken und Handeln

### Fragen

- Wie hilft dir die Unsicherheit von morgen dabei, für das Heute dankbar zu sein?
- Worin unterscheiden sich Gier, Stolz und Hochmut von Bescheidenheit, Dankbarkeit und Demut? Welche dieser Eigenschaften führen zu mehr Gelassenheit? Und wieso?
- Wie fühlt sich der Moment an, in dem du dankbar für etwas bist?
- Wie kannst du Dankbarkeit in deinem Leben kultivieren?

### Aufgaben: Mein letzter Tag und die Krise

- Gehe in die Stille und versuche zu formulieren, wie du einen Tag erleben würdest, von dem du wüsstest, es wäre dein letzter. Mache es schriftlich und beginne den Satz mit: »Wenn ich noch 48 Stunden zu leben hätte, dann würde ich ____« Mit welchen Augen würdest du die Welt betrachten, wenn du wüsstest, es wäre das letzte Mal? Mit welchen Augen siehst du etwas an, von dem du weißt, dass du dich davon verabschieden musst, obwohl es dir lieb und wichtig ist? Mit welchen Augen würdest du deine Frau/deinen Mann, deine Kinder, deine Freunde, dein Haus anschauen, wenn du wüsstest, dass du alles morgen jemand anderem übergeben müsstest?

- Denke an eine Krise (oder auch zwei, drei) in deinem Leben und versuche herauszufinden, welche positive Entwicklung daraus entstanden ist. Du kannst dafür auch die Übung Timeline aus dem Januar-Kapitel verwenden.

## Übung: Das ABC des Dankens

Diese Übung hat David Steindl-Rast für Situationen entworfen, in denen wir irgendwo warten müssen – eine gute Zeit, um zu danken. Sie funktioniert wie folgt: Gehe gedanklich durch das Alphabet und nehme für jeden Buchstaben das erste Wort, das dir in den Sinn kommt. Versuche dann, eine Verbindung zwischen diesem Wort und dem zu finden, für das du mit Blick auf dieses Wort dankbar sein kannst. Wenn dir bei A das Wort »Auto« einfällt, dann überlege, wofür du mit Blick auf ein/dein Auto dankbar sein kannst. Kommt dir bei B das Wort »Blume« in den Sinn, denke darüber nach, welche Möglichkeit dir eine Blume schenkt, dankbar zu sein. Und so gehe durch das gesamte Alphabet.

# Oktober

# Angst überwinden

*Man hat nur Angst, wenn man mit sich selber nicht einig ist.*

Hermann Hesse

## Wie wir unsere Angst überwinden können

Wenn uns Menschen etwas miteinander verbindet, dann ist es wohl, dass jeder von uns schon Angst gehabt hat. Ich persönlich kenne die Angst sehr gut. In meiner Vergangenheit führten ganz unterschiedliche Situationen dazu, dass dieses Gefühl in mir hochstieg. Da gab es Todesangst während meiner Entführung, die Angst davor, einen geliebten Menschen zu verlieren oder das, was ich als Wohlstand empfand. Die Angst davor, ertappt zu werden, wenn ich als Kind etwas »ausgefressen« hatte.

Handelt es sich nicht um einen lebensbedrohlichen Moment, sind die Ursachen für die Angst, die in uns entsteht, sehr vielfältig. Bei einigen ist Angst eine Folge fehlenden Vertrauens in sich und das Leben. Sie wird dann ausgelöst, wenn der Schatten der Eltern den Kindern die Sonne zum Wachsen genommen hat. Will heißen: Trauen Eltern ihren Kindern genauso wenig zu wie sich selbst, berauben sie sie der Möglichkeit, sich auszuprobieren. Ein Klosterkursteilnehmer berichtete einmal, sein Vertrauen in sich selbst wurde dadurch gestärkt, indem ihm seine Eltern es erlaubten, als Jugendlicher mit dem Mofa eine mehrtägige Fahrt zu unternehmen. Und das ohne (Handy-)Netz und doppelten Boden. Doch wer sich nicht erproben kann, dem wird das Gefühl, sich auf sich selbst und das Leben vertrauen zu können, fremd bleiben.

Bei nicht wenigen entwickelte sich Angst, weil sie Liebe und Anerkennung nur dann erfahren haben, wenn sie die Vorstellungen anderer erfüllten – für nicht konformes Verhalten wurden sie abgestraft. Aus Angst davor, nicht mehr geliebt zu werden, nicht mehr dazuzugehören, nicht mehr gefragt zu sein, vermeiden diese Menschen es, sich einem Risiko auszusetzen, zu experimentieren oder Fehler zu machen: »Sicher ist sicher« und »Vorsicht ist die Mutter der Porzellankiste« sind nur zwei Redewendungen, die an diese Erfahrung erinnern. Sicher ist da nur, dass wir uns als Mensch nicht weiterentwickeln.

Angst löst keine Probleme, sondern verschärft sie. Angst lässt uns zweifeln, zögern und hält uns davon ab, Entscheidungen zu treffen oder gar Verantwortung zu übernehmen. Angst fordert Eindeutigkeit, Sicherheit und Kontrolle. Doch das ist genau das, was das Leben nicht bietet. Unser Leben ist nicht eindeutig, auch nicht sicher und schon gar nicht zu kontrollieren. Ein gutes Leben setzt die Bereitschaft voraus, ins Risiko zu gehen und Verantwortung übernehmen zu wollen. Die Bereitwilligkeit, Antworten auf die Fragen zu finden, die mir das Leben stellt. Aber um aus (Ant-)Worten Taten werden zu lassen, braucht es Vertrauen. Denn Vertrauen kommt mit Unsicherheit, Unvorhersehbarkeit und Mehrdeutigkeit zurecht. Vertraue ich, muss ich mir nicht sicher sein, wohin mich meine Reise führt.

Bei einem unsicheren Gefühl hat mir abermals der Benediktiner David Steindl-Rast geholfen, er sagt dazu: »Das Wort ›Angst‹ kommt von ›Enge‹. Wenn wir ängstlich sind, sind wir in der Enge. Die Urangst des Menschen entsteht schon unter der Geburt, wenn wir durch die Enge hindurch das Licht dieser Welt erblicken.« Mir zeigt dieses Bild, dass etwas Neues entsteht, wenn wir durch die Angst hindurchgehen. Welche Eltern kennen nicht dieses Gefühl der Unsicherheit vor der Geburt eines Kindes? Gerade bei der ersten Geburt wissen sie nicht was auf sie zukommt und dann ist es doch geschafft. Was es für diesen Schritt braucht, ist ein Vertrauen in das Leben. Und zwar das Vertrauen darauf, dass mir das Leben immer beschert, was ich brauche, auch wenn es mir vielleicht gerade nicht schmeckt. Wir dürfen vertrauen, denn bei der Vielzahl unserer Entscheidungen geht es in den seltensten Fällen um Leben oder Tod. Das Wagnis, das wir lediglich eingehen, ist das einer Erfahrung, die wir so oder so machen werden und die uns in Zukunft weiterhelfen wird.

Das Tragische an der Angst ist, dass sie extrem gefräßig ist. Denn jedes Mal, wenn wir ihr nachgeben, wenn wir keine Entscheidung treffen, wir nicht ins Handeln kommen oder etwas ausprobieren, wird sie beim nächsten Versuch noch größer sein. Und dann wird es noch schwerer, sie zu überwinden. Doch dieses Überwinden ist notwendig, um in Bewegung zu kommen. Ich überwinde mich und gehe einfach los. Ich nehme mein Herz in die Hand und versuche es. Ein weiteres Bild, das mir in herausfordernden Situationen hilft, loszugehen, ist das Gleichnis, in dem Jesus den (von der Angst) Gelähmten auffordert: »Steh auf, nimm dein Bett und geh hin!« (Johannes 5,8)

Was sind die Gründe, weshalb wir Angst haben? Und welche Gründe lassen uns unsere Angst überwinden? Wer ein Wofür hat, erträgt fast jedes Wie. Den Sinn in etwas zu erkennen, wofür es sich lohnt, sich einzusetzen, ist eine elementare Voraussetzung dafür, dass wir nicht nur in der Lage, sondern auch bereit dazu sind, loszugehen. Letztlich ist es der Sinn, das Wofür, warum wir unsere Angst überwinden. Was heißt: Wenn der Sinn größer ist als die Angst, packen wir es an.

Ich wohne mit meiner Frau und unseren Kindern an einem kleinen See. Im Winter ist der See häufig mit einer dünnen Eisschicht bedeckt. Ohne einen Grund würde ich die Eisfläche ganz sicher nicht betreten, da ich viel zu viel Angst davor hätte einzubrechen und im schlechtesten Fall zu ertrinken. Begibt sich aber eines unserer Kinder auf das Eis und bricht ein, werde ich nicht eine Sekunde zögern und lossprinten, um es zu retten. In diesem Moment ist der Sinn, etwas zu tun, größer als meine Angst davor, dass etwas passiert.

## Einladung zum Fühlen, Denken und Handeln

### Fragen

- Welche Menschen, Dinge oder Situationen machen dir Angst? Worin liegt diese Angst?
- Welche Gelegenheiten bietet dir dieser Monat, um einige deiner Ängste zu überwinden?
- Welche Ängste kennst du? Was war die bisher größte Angst, an die du dich erinnerst?
- Was müsste geschehen, damit du deine Angst, etwas zu tun, überwindest? Für wen oder was würdest du deine Angst bezwingen, etwas zu tun? Wie könntest du dieses Bewusstsein zukünftig in deinem Alltag nutzen?

## Aufgaben: Gründe finden

- Gehe in die Stille und stelle dir vor, für dich gibt es jemanden, für den du dich genauso einsetzen würdest wie eine Mutter, die versucht, das Leben ihres Kindes zu retten. (Es muss auch kein Mensch sein, es könnte genauso gut eine Sache sein.) Was würde das für den Umgang mit deiner Angst bedeutet? Beende folgenden Satz schriftlich: »Wenn es für mich in meinem Leben etwas so Bedeutsames gibt, für dessen Verwirklichung ich bereit wäre zu ›sterben‹, dann wäre mein Leben ___« Was könnte für dich von so großer Bedeutung sein?
- Gehe in die Stille und beende schriftlich folgenden Satz: »Wenn ich Herr/Herrin meiner Ängste wäre, würde das für mein Leben bedeuten, dass ich ___«

## Übung: Im Dialog mit »Dämonen« Ängste abbauen

Beim Meditieren werden wir immer wieder mit negativen Gefühlen oder Gedanken konfrontiert – für uns eine Chance, sie zu bearbeiten und daran zu wachsen. Entstehen diese negativen Ströme, dann erspüre, was in deinem Körper passiert und wie sie sich in dir bemerkbar machen. Nun konfrontierst du dein negatives Gefühl mit drei Fragen: 1. Wer bist du? 2. Woher kommst du? 3. Was willst du? Höre genau hin, was es dir zu sagen hat, und notiere im Anschluss an die Meditation, welche Ängste dich belastet haben und was im schlimmsten Fall passieren könnte. Anschließend formulierst du in einer Art »Gegenliste«, was gerade gut läuft und welche Fähigkeiten du besitzt, um schwierige Situationen zu meistern. (Schaue auch auf die Ergebnisse deiner Januar-Aufgabe mit der Timeline.) Wie sehr fühlst du dich dadurch entlastet?

# November

# Den Tod wahrnehmen

*Nicht den Tod sollte man fürchten, sondern dass man nie beginnen wird zu leben.*

## Wieso wir nicht erst sterben müssen, um in Frieden zu ruhen

Bei einem Betriebsausflug vor ein paar Jahren kam ich mit einer Mitarbeiterin ins Gespräch, die ihren Vater beim Sterben begleitet hat. Er war an Speiseröhrenkrebs erkrankt und hatte sich entschieden, die letzten Monate seines Lebens bei sich auf dem Land zu verbringen. Als sich sein Ableben ankündigte, versammelten sich alle in seinem Haus, um sich von ihm zu verabschieden. Weil der Vater durch Medikamente schon getrübt und sehr schwach war, verbrachte die Mitarbeiterin die letzten Minuten im Leben ihres Vaters schweigend an seiner Seite. Sie erzählte mir von seinen letzten Worten: »Was bleibt, sind die Erinnerungen.«

Diese letzten Worte berührten und führten mich und meine Gedanken zurück in ein für mich sehr prägendes Lebensereignis: meine Entführung. Acht Tage hielten mich die Geiselnehmer gefangen, um von meinen Eltern Geld zu erpressen. An jedem dieser Tage inszenierten sie eine Scheinhinrichtung. Dafür musste ich mich mit einem über den Kopf gezogenen Jutebeutel und hinter meinem Rücken gefesselten Händen auf den Boden knien, um mit meinem auf die Brust geneigten Kinn auf den Schuss in den Hinterkopf zu warten. Diese wiederkehrenden Situationen waren kaum zu ertragen. Doch ich wurde befreit, in letzter Sekunde, und erhielt damit die Chance, über meine Zeit im Angesicht des Todes nachzudenken. Aber das gelang mir nicht sofort, denn über Jahre wollte ich vor diesen Erinnerungen eher flüchten, als mich ihnen zu stellen. Ich hatte Angst vor den Gedanken, die meine Erinnerungen hervorrufen könnten.

Heute weiß ich, dass ich vor meinen Gedanken keine Angst haben muss. Sie können mir nichts. Es sind ja nur Gedanken. Aber nicht nur das. Mit meinem ersten Klosterbesuch, zwölf Jahre nach meiner Befreiung, begann ich nach und nach zu verstehen, wofür dieser schmerzhafte Schicksalsschlag gut war. Dadurch, dass mir Menschen mein Leben nehmen wollten, ebneten sie mir den Weg zu meinem wirklichen Leben.

Es war ein Mönch gewesen, der mich dazu ermutigt hatte, meine Entführung zu nutzen, um Antworten auf die Frage zu finden, was mich im Leben wirklich glücklich macht. Und so versuchte ich, immer wieder in die Stille zu gehen, um zu hören, was mir diese leidvolle Zeit, was mir die Begegnung mit dem Tod zu sagen hat. Über die Stille fand ich auch einen Zugang zu einigen Gedanken, die ich während der Scheinhinrichtungen hatte: »Du darfst jetzt nicht sterben, du musst doch gleich zur Vorlesung« schwirrte es mir damals in meiner Panik durch den Kopf. Doch was konnte dieser in der Situation doch sehr ungewöhnliche Gedanke für das Glück meines Lebens bedeuten?

Es verging ein wenig Zeit, bis ich einen Zusammenhang zwischen meinem damaligen Gedanken und dem fand, was ich bei mir wie bei vielen Mitmenschen beobachtete: Es war der Glaube, dass das Glück in der Zukunft liegt, als Ergebnis eines anstrengenden, strebsamen und erfolgreichen Lebens. »Du musst nur fleißig genug sein« oder »Ohne Fleiß kein Preis« sind nur zwei von vielen Glaubenssätzen, die uns früh verdeutlichen sollten, was wir vom Glück zu halten hatten und in welches Denken wir hineinmanövriert wurden. »Nun gehe ich in Rente, nun beginnt das Leben«, hörte ich noch jüngst eine Mitarbeiterin sagen, die wir in den Ruhestand verabschiedeten.

Für mich war diese Aussage ein genauso kurzes wie trauriges Bekenntnis ungelebten Lebens. Denn wer kann mir überhaupt garantieren, dass ich es bis zur Rente schaffe? Dass das, was ich zeit meines Lebens auf mein Glückskonto einzahle, auch tatsächlich zur Auszahlung kommt? Niemand. Tatsache ist, dass wir nicht wissen, wann unser Tag da sein wird. Vor meiner Entführung hätte ich mir niemals vorgestellt, dass ich mich schon sehr bald mehrfach an der Schwelle des Todes wiederfinden würde. Ich habe es überlebt, aber mein Vater nicht, als er für uns alle nicht vorhersehbar im Jahr 2007, einem Monat vor seinem 65. Geburtstag, mit seinem Flugzeug abstürzte. Eigentlich waren wir an jenem Samstag zu einem gemeinsamen Abendessen verabredet gewesen. Aber er kam nicht.

Meine erste gedankliche Auseinandersetzung, mein erster bewusster Dialog mit dem Tod half mir dabei, zu verinnerlichen, dass ich mit dem Glauben »Das Glück liegt in der Zukunft« einer Täuschung, ja vielleicht sogar einer größeren Illusion aufgesessen bin. »Wenn du für dich etwas finden willst, was dich wirklich glücklich macht, dann darf das nichts sein, was in der Zukunft liegt. Denn du weißt nicht, wann ich mich melde«, sagte mir der Tod zum Abschluss eines unserer Gespräche.

Aber diese Täuschung, der wohl viele Menschen unterliegen, galt nicht nur für das Glück in der Zukunft, sondern auch für das Glück, von dem ich annehme, es durch irgendetwas erreichen zu können. Denn kaum haben wir etwas uns das große Glück Versprechende erreicht, braucht es nicht lange, bis sich unsere Unzufriedenheit wieder zu Wort meldet: »Was kommt oder brauche ich als Nächstes?« In unserer uns immer wieder zum Konsum auffordernden Gesellschaft verliert der sich gerade eingestellt habende Erfolg sehr schnell an Bedeutung: die gewonnene Meisterschaft, der neue Dienstwagen, die Gehaltserhöhung oder das gerade vom gehetzten Paketdienstleister abgelieferte und von uns schnell aufgerissene Paket. Und so rennen wir von Termin zu Termin, von Erfolg zu Erfolg, von Ereignis zu Ereignis, von Job zu Job, von Paket zu Paket, um jedes Mal nach einem kurzen Kick die Erfahrung zu machen: Es hat immer noch nicht gereicht, ich bin immer noch nicht glücklich, ich habe es immer noch nicht geschafft. Und wenn wir dann im hohen Alter oder vielleicht auch schon viel früher mit dem Tod konfrontiert werden, wachen wir plötzlich auf. Wir merken: Während wir die ganze Zeit damit beschäftigt waren, dem Glück des Lebens hinterherzurennen, haben wir es in Wirklichkeit verpasst. Und dann kommt nicht selten ein uns tief frustrierender Konjunktiv ins Spiel: »Hätte ich doch mein Leben nach meinen und nicht nach den Vorstellungen anderer gelebt. Hätte ich doch nicht so viel gearbeitet, um mir das leisten zu können, was ich eh nicht gebraucht habe. Hätte ich doch mehr für meine Gesundheit getan. Hätte ich doch mehr Zeit mit den Menschen verbracht, die mir am Herzen liegen und die jetzt nicht für mich da sind, sich von mir abgewendet haben, weil mir die Dinge oder die Arbeit im Leben wichtiger waren als sie. Dieses Gefühl, im Angesicht des Todes etwas zu bereuen, muss die Hölle sein.

Was ich in meinen ersten Gesprächen mit dem Tod lernte, war, dass wir offensichtlich auf die Zukunft ausgerichtete Wesen sind, die dieses diffuse Gefühl in sich tragen, noch unvollständig oder unvollkommen zu sein. Dieses Gefühl führt die Menschen direkt von der Wiege ins Hamsterrad und von dort aus hechelnd ins Grab. Diejenigen, die dieses Gefühl in sich tragen und nicht loswerden, werden zu Lebzeiten nie an- oder zur Ruhe kommen. Für sie vollendet sich das Leben erst mit dem Tod. Erst dann ruhen sie in Frieden. Aber wir müssen nicht erst sterben, um in Frieden zu ruhen. Es gibt Möglichkeiten, die mich aus dem Hamsterrad des ungelebten Lebens rausführen. Bei mir war es meine wiederkehrende Auseinandersetzung mit dem Tod, die mir dabei half, einen guten, wenn auch nicht einfachen Weg zu mehr innerer Ruhe zu finden. Ich forderte mich also selbst dazu auf, den Tod nicht aus meinem Leben auszuklammern, sondern ihn immer wieder in meinen Alltag mit einzubeziehen.

So bei wichtigen Entscheidungen. Stehen solche an, stelle ich mir den Tod wie einen auf meiner Schulter sitzenden Raben vor, dem ich Fragen stelle, mit dem ich ins Gespräch komme. Wie einst, als ich mir nach langer Zeit wieder vorgenommen hatte, fischen zu gehen. Ich liebe es, Fische zu fischen, denn jedes Mal fühle ich mich dabei wie ein Kind, das alles um sich herum vergisst. Deshalb entschied ich mich, einen Geschäftstermin in Deutschlands Mitte mit einem Ausflug an einen idyllischen Bach zu verbinden. Die Besprechung hatte ich auf einen Donnerstagabend gelegt, sodass ich mich nach einer Übernachtung gleich am nächsten Morgen zu den Bachforellen aufmachen konnte. Schon einen Monat vor meiner Geschäfts- und Angelreise war ich ganz aufgeregt, und keine zwei Wochen vorher war das Auto mit entsprechender Angelausrüstung gepackt. In der Woche bevor es losgehen sollte, kam meine Frau freudestrahlend auf mich zu und meinte, sie hätte unseren Sohn Julius beim Fußball angemeldet.

»Das ist ja großartig«, erwiderte ich, ebenfalls begeistert.

»Find ich auch. Am kommenden Freitag hat er sein erstes Training.«

»Nächsten Freitag?« Entgeistert sah ich meine Frau an.

»Nächsten Freitag, du hast richtig gehört.«

Das war so eine Situation, um mich kurzerhand mit dem Raben auf meiner Schulter zu verabreden, um mit ihm ins Gespräch zu kommen. Doch es war kein wirkliches Gespräch, denn der den Tod symbolisierende Rabe stellte mir eine Frage, für dessen Beantwortung es nur eine Möglichkeit gab: »Bodo, wenn ich dich nächsten Freitag heimsuche, du also nächsten Freitagabend das Zeitliche segnest, was möchtest du bis dahin noch erlebt haben? Worauf möchtest du zurückschauen, wenn du an diesem Freitag im Sterben liegst? Auf deinen Sohn beim ersten Fußballtraining oder auf die Forellen im Bach?« Die Antwort war klar!

In meinem Umgang mit dem Tod gab es aber noch einen weiterführenden Schritt auf dem Weg zu mehr Gelassenheit. Der erste Schritt bestand darin, den Tod überhaupt wahrzunehmen, sich wieder bewusst darüber zu werden, dass er existiert, dass er wahr ist. Der zweite Schritt bestand darin, den Tod nach dem Wahrnehmen für sich zu akzeptieren.

Nachdem das SEK mich aus der Gefangenschaft befreit hatte und ich von Beamten als Zeuge vernommen wurde, stellten sie mir eine ungewöhnliche Frage: »Wie war es Ihnen möglich, mit Todesangst einzuschlafen?« Ich erinnere mich nicht mehr, was ich geantwortet habe. Woran ich mich aber erinnere, ist der Moment, in dem meine Todesangst mit all ihren unterschiedlichen Gesichtern einer Gelassenheit, Leichtigkeit und inneren Freiheit wich. Angesichts des emotionalen Drucks der ersten Scheinhinrichtung hatte ich mich innerlich von allem verabschiedet, was ich mir im Leben noch vorgenommen habe, aber auch von dem, was ich zuvor erfahren und geliebt habe. Ich kam an den Punkt, an dem es nur noch um das nackte Leben ging – und um eine Entscheidung. Meine Entscheidung, den Tod in mein Leben einzuladen, mich ihm hinzugeben und ihn anzunehmen. »Ja, ich bin nun bereit zu sterben, ich werde nun gehen«, war einer meiner letzten Gedanken, bevor mich dieser unbeschreibliche innere Friede erfüllte, etwas mir die schwere Last von meinen Schultern nahm und mich in eine Erinnerung führte, in der ich mich inmitten der Menschen wiederfand, die ich liebte.

Eine Redewendung besagt: »Besiege den Tod, bevor er dich besiegt.« Und genau das war es, was ich in dem Moment empfunden habe, als ich den Tod angenommen habe. Ich hatte das Gefühl, die Angst vor dem Tod und damit den Tod an sich besiegt zu haben. Aber den Sieg habe ich nicht errungen, indem ich Widerstand geleistet oder gegen den Tod als meinen Feind gekämpft habe. Den Sieg habe ich errungen, indem ich ihn eingeladen, ihn geliebt und damit aus einem Feind einen Freund gemacht habe. Einen Freund, mit dem ich ins Gespräch gehe, wenn es um die Antworten auf die wichtigen Fragen des Lebens geht.

## Einladung zum Fühlen, Denken und Handeln

### Fragen

- An welche Momente und Situationen erinnerst du dich im Gedenken an die bereits Verstorbenen? Welche Spuren hinterlässt du auf dieser Welt? Woran sollen sich deine Nachkommen erinnern, wenn sie an dich denken?
- Wie würde der Tod deine Frage beantworten, was für dich wirklich wichtig ist im Leben?
- Welche Entscheidungen würdest du diesen Monat treffen, wenn du den auf deinen Schultern sitzenden Tod als Ratgeber befragen würdest?
- Welchen dein Leben abschließenden Gedanken wünschst du dir im Moment des Sterbens? Was soll deine letzte Erinnerung an dein Leben sein?

## Aufgaben: Grabrede

- Nimm dir einen halben Tag frei und begib dich an einen Ort, an dem du für dich sein kannst und an dem du dich wohlfühlst. Deine Aufgabe besteht nun darin, eine Grabrede zu schreiben – und zwar deine eigene. Was im ersten Moment vielleicht makaber erscheint, wird mit Blick auf deine zukünftige Lebensweise von besonderer Bedeutung sein. Eine solche Trauerrede hat nämlich mehr mit dem Leben als mit dem Tod zu tun. Also, trau dich, denn sie wird dich dabei unterstützen, dir der wesentlichen Dinge deines Lebens bewusst zu werden. Hinweise zur Umsetzung findest du auf Seite 138.
- Reflektiere deine in den letzten Monaten hier beantworteten Fragen, erfüllten Aufgaben und erfahrenen Übungen. Welches Selbst-, Menschen- und Weltbild ergibt sich daraus?

## Übung: Vergänglichkeit vergegenwärtigen

Mache einen Waldspaziergang und betrachte dabei die mit der Jahreszeit einhergehende Vergänglichkeit. Nimm alles, was das Vergehen der Natur zum Ausdruck bringt, bewusst wahr. Sobald du nach dem Spaziergang wieder zu Hause angekommen bist, gehe in die Meditation. Fokussiere dich zunächst darauf, wie dein Atem geschieht, dann, nach ein paar Minuten des achtsamen Atmens, wende dich gedanklich der Vergänglichkeit zu. Wie erlebst du Vergänglichkeit? Welche Gefühle und Gedanken entstehen in ihrem Angesicht? Lass sie zu, ohne sie zu bewerten. Beobachte sie einfach.

Nimm dir im November jede Woche einmal 15 Minuten Zeit für diese Übung.

# Dezember

# Liebe spüren

*Wenn man Liebe nicht bedingungslos geben und nehmen kann, ist es keine Liebe, sondern ein Handel.*

Emma Goldmann

## Wieso wirkliches Leben bedeutet, zu lieben, was ist

Durch meine immer wiederkehrende Zeit in der Stille konnte ich für mich den »Tod als Feind« als Stellvertreter für all die Dinge erkennen, denen wir uns widersetzen, gegen die wir unser Leben lang permanent ankämpfen oder die wir unentwegt zu erreichen versuchen. Wenn ich all die Gedanken und Gefühle, die mir vorgaukeln, nicht gut genug, nicht ausreichend, nicht wertvoll genug zu sein, wenn ich all meine Mitmenschen, die anders als ich denken und Widerstand leisten gegen das, was mir als Mensch wichtig ist, als Feinde betrachte, habe ich genau zwei Möglichkeiten, mit ihnen umzugehen. Die eine ist: Ich kann versuchen, sie zu bekämpfen, kann über sie herziehen, mich über sie erheben oder sie unterdrücken. Die Folge ist, dass ich mich sowohl von meinen Gefühlen als auch von meinen Gedanken und Mitmenschen durchs Leben hetzen lasse. Die andere Möglichkeit ist, dass ich das Unveränderliche sehe und annehme, wie es ist. So schrieb einmal der russische Schriftsteller Fjodor M. Dostojewski: »Einen Menschen lieben heißt, ihn so zu sehen, wie Gott ihn gemeint hat.« Auf das Leben übertragen bedeutet das für mich, es lieben zu lernen. Zu lieben, was ist. Egal, was passiert. Bedingungslos.

Vor Kurzem versammelte sich an einem Sonntag die gesamte Familie in unserem Wohnzimmer. Während meine Frau mit einem unserer beiden Mädchen und unserem Sohn auf dem Sofa lag, kuschelte ich mit unserer anderen Tochter und unserem Hund auf dem Teppich. »Ich werde gleich mit den Mädchen *Pretty Little Liars* schauen«, sagte meine Frau plötzlich. Für mich ein eindeutiges Signal, mich gleich in mein »Arbeitszimmer« zurückzuziehen, denn diese Art von Mystery-Serien gehen mir furchtbar auf die Nerven. Doch als ob meine Frau meine Gedankengänge hören konnte, ergänzte sie: »Ich weiß, solche Serien sind total trashig. Aber darum geht es mir nicht, sondern darum, dass ich mit den Mädchen gemeinsam etwas erlebe. Etwas, was sie gerade interessant finden, etwas, worüber wir miteinander sprechen können.«

Diese nachgeschobene Bemerkung traf mich wie ein Blitz. Und so blieb ich während der gesamten Serie bei meiner Frau und den Mädchen liegen. Was war geschehen?

Ich erinnerte mich an eine Geschichte, die ich vor vielen Jahren gelesen hatte. In ihr war es um Liebe und Freiheit gegangen und darum, was beide miteinander verbindet, um das, wie wir unser Bedürfnis nach Freiheit mit dem nach Gemeinschaft oder der Beziehung zu einem Menschen vereinen können. Die für mich wohl wichtigste Erkenntnis war, dass sich die Vereinigung von Freiheit und Verbundenheit mit einem Wort beschreiben lässt: Liebe!

Das Bild, welches der Verfasser dieser Geschichte nutzte, um diese Vereinigung zu beschreiben, war das einer Mutter, die gemeinsam mit ihrem noch kleinen Kind auf dem Arm durch das Wohnzimmerfenster eine Katze dabei beobachtete, wie diese im winterlichen Garten mit den Schneeflocken spielte. Jeder für sich, sowohl die Mutter als auch das Kind, hatte in diesem Moment die Freiheit, sich eine eigene Vorstellung von dem zu machen, was sie sahen, ihren eigenen Gedanken und Gefühlen nachzugehen – und doch waren beide über den Anblick der Katze miteinander verbunden. Dieses Bild von »jeder für sich und doch gemeinsam« hatte sich damals tief in meine Seele eingepflanzt. Und es waren dieses Bild in Verbindung mit dem »Nachsatz« meiner Frau, die mich plötzlich begreifen ließen, worum es wirklich geht:

Es kommt doch gar nicht so sehr darauf an, was wir miteinander erleben. Vielmehr kommt es darauf an, dass wir etwas miteinander erleben. Und dabei spielt es keine so große Rolle, ob es sich um eine Katze oder eine Mystery-Serie handelt. Denn beides ist gut genug, sich darüber zu vereinen. Wer erinnert sich nicht an die ersten Male des Verliebtseins? Haben wir da nicht auch mal etwas ausgehalten, nur um mit einem Menschen zusammen sein zu können? Was haben wir nicht alles auf uns genommen, nur um gemeinsam etwas zu erleben und zu teilen, gemeinsam zu lachen oder zu weinen! Aber es hat Verbindung geschaffen. Bedeutet Liebe denn nicht, dass uns Menschen wichtiger sind als unsere Vorstellungen, Ideen, Vorlieben oder Meinungen?

Mir fiel es wie Schuppen von den Augen, dass ich mich mit Blick auf die Netflix-Serie in den Wochen zuvor wie ein Moralapostel aufgeführt hatte. Wie jemand, der es besser wusste und der sich mit innerlich erhobenem Zeigefinger genauso demonstrativ wie besserwisserisch in sein Arbeitszimmer zurückzog, um vermeintlich wichtigere, sinnvollere oder bessere Dinge zu tun. Dabei schaute ich weniger auf die Menschen und mehr auf die Dinge, die mir unsinnig erschienen. Was blieb, war nicht selten ein fader Beigeschmack bei den auf dem Sofa Zurückgebliebenen. Auf sehr subtile Art und Weise hat mein Verhalten eine Haltung zum Ausdruck gebracht, die nicht wenige kennen: »Solange du deine Füße unter meinen Tisch stellst, machst du das so, wie ich es will.« Nur dass ich das in meinem Fall nicht direkt ausgesprochen hatte, sondern das schlechte Gefühl eher durch mein latent überhebliches Verhalten erzeugt hatte. Doch durch die Aussage meiner Frau wurde mir einmal mehr bewusst, dass in dem Moment, in dem ich etwas etikettiere, verurteile oder abtue, Liebe keine Chance hat. Und ich verstand, dass es hier echte Handlungsalternativen gibt, zumindest dann, wenn Liebe nicht nur ein Lippenbekenntnis sein soll, sondern ich sie auch tatsächlich leben will.

»Solange du deine Füße unter meinen Tisch stellst, darfst du so sein und bleiben, wie du bist.« Das wäre so eine Alternative, mit der ich zum Ausdruck bringe, dass ich meine Vorstellungen von »richtig oder falsch«, »gut oder schlecht« loslassen kann und ich mich bedingungslos der Möglichkeit hingebe, Teil eines für mein Gegenüber wichtigen Moments seines Lebens zu sein.

Mit Blick auf die Liebe geht es um ein bedingungsloses Ja zum Leben, zu seinen Mitmenschen und zu sich selbst. Und das, was uns stets an dieses Ja erinnert, ist unsere innere Stimme, die Stimme unseres Herzens. Doch in dem Lärm dieser Welt und der Hektik unseres Alltags verlieren wir das Gehör für das, was unsere innere Stimme uns zu sagen hat. Und genau aus diesem Grund habe ich dieses Buch geschrieben: dass es dir gelingt, die Stimme deines Herzens wieder zu hören. Und dafür braucht es Stille.

# Einladung zum Fühlen, Denken und Handeln

## Fragen

- Was denkst du: Durch was entsteht diese starke Verbundenheit zwischen Menschen, die gemeinsam (zum ersten Mal) etwas miteinander erleben?
- Wann und wie schenkst du anderen Menschen in diesem Monat die Möglichkeit, etwas mit dir zu teilen, was ihnen wichtig ist?
- Welche Gelegenheiten findest du in diesem Monat, um mit deinen Mitmenschen etwas Verbindendes zu erleben?
- Welche Menschen und Situationen wirst du in diesem Monat so annehmen, wie sie sind?

## Aufgaben: Liebesbrief und Überraschungen

- Überrasche einen deiner Nächsten damit, etwas gemeinsam mit ihm oder ihr zu unternehmen, wozu du unter normalen Umständen kein Interesse gehabt hättest. Sag einfach Ja in dem Moment, in dem du von jemanden gefragt wirst, ob du mitmachen willst. Oder frage initiativ, ob du mitmachen darfst. Bedenke: Es geht nicht darum, was ihr miteinander macht, sondern dass ihr etwas gemeinsam macht. Das Was stellst du weder infrage noch bewertest du es. Beobachte einfach die Freude im

Gesicht des anderen. Welches Gefühl ist in dir entstanden, während du dich den Interessen deines Nächsten bedingungslos hingegeben hast?

- Benenne zwei bis vier Menschen aus deinem näheren oder weiteren Umfeld und schreibe ihnen einen »Liebesbrief«: Formuliere darin am besten in der schönsten Handschrift alles, was du an diesen Menschen bewunderst, schätzt oder liebst. Zähle alle einzigartigen Eigenschaften und Fähigkeiten auf, die du bisher an ihnen entdeckt hast. Lass dich bei der Auswahl der Eigenschaften durch die Liste im Anhang inspirieren. Ein Beispiel für so einen Brief findest du ebenfalls im Anhang.

### Übung: Herzensmeditation

Gehe in die Stille, nimm eine Sitzposition ein, schließe die Augen, atme ganz natürlich und beobachte, wo in deinem Körper du deinen Atem besonders gut wahrnehmen kannst. Lenke deine Aufmerksamkeit nun auf dein Herz, spüre in dein Herz hinein und fülle es voll und ganz mit Liebe. Spüre die Kraft, die von der Liebe in deinem Herzen ausgeht. Stelle dir nun all die Menschen vor, die dir nahestehen, und lasse deine Liebe zu ihnen strömen. Versuche, zu imaginieren, wie sie deine Liebe empfangen und was das in ihnen auslöst.

Erweitere deinen Blick jetzt auf andere Menschen, Freunde, Bekannte oder Arbeitskollegen, und lasse ihnen ebenso deine ganze Liebe zukommen. Auch sie »beobachtest« du dabei, wie sie deine Liebe empfangen. Zuletzt denkst du an all die Menschen, die es nicht immer gut mit dir gemeint haben, mit denen du vielleicht im Streit liegst. Sie versuchst du dir ebenfalls bildlich vorzustellen und lässt ihnen deine ganze Liebe zuströmen. Kehre anschließend mit deiner Aufmerksamkeit zu dir zurück und versuche, das sich in dir ausgebreitete Gefühl bewusst wahrzunehmen.

# Anhang

Hier findest du im Folgenden eine Reihe nützlicher Wegbegleiter:

## Liste der guten Verhaltensweisen und Gewohnheiten

Welche Verhaltensweisen und Gewohnheiten hast du in deinem bisherigen Leben entwickelt? Welche möchtest du in Zukunft entwickeln? Die hier aufgelisteten Verhaltensweisen und Gewohnheiten kannst du für die Bearbeitung deiner Morgen- und Abendroutine genauso verwenden wie für die Bearbeitung aller Fragen, Aufgaben und Übungen. Eine häufig wiederholte Verhaltensweise wird irgendwann zu einer Gewohnheit und führt zu Freude, Verbundenheit, Entwicklung, Vitalität, Stärke, Freundschaft und Glück:

abholen, achten, akzeptieren, ansprechen, aufbauen, aufheitern, aufmuntern, aufmuntern, aufräumen, aufrichten, ausprobieren, beachten, bedanken, befähigen, beflügeln, befreien, begleiten, begnügen, begreifen, bekräftigen, beobachten, beschreiben, beschützen, beteiligen, betreuen, bitten, danken, dienen, ehren, einbeziehen, einfühlen, einladen, entledigen, entscheiden, entwickeln, erhalten, erfinden, erleichtern, ermöglichen, ermutigen, erschaffen, entlasten, fördern, fragen, fühlen, führen, geben, gedulden, gewöhnen, gleichstellen, gönnen, herausfinden, hoffen, hören, informieren, inspirieren, integrieren, klären, konkretisieren, lächeln, leben, lernen, lieben, loben, loslassen, meditieren, mitfühlen, mitnehmen, motivieren, öffnen, probieren, reflektieren, schaffen, schenken, schlichten, schweigen, sehen, singen, spielen, stärken, stiften, tanzen, testen, trainieren, üben, überwinden, verstehen, versuchen, verwandeln, verzichten, vorbereiten, wahrnehmen, warten, wertschätzen, würdigen, zuhören, zusammenführen, zusprechen, zustimmen, zutrauen, zuwenden.

## Liste der guten Eigenschaften und Fähigkeiten

Welche Eigenschaften und Fähigkeiten machen dich aus? Welche Adjektive dieser Liste sind für dich von besonderer Bedeutung? Greife bei deiner Morgen- und Abendroutine auf sie zurück, ebenso bei der Bearbeitung der Fragen, Aufgaben und Übungen in diesem Buch:

ausgeglichen, aufgeschlossen, analytisch, anpassungsfähig, ausdauernd, anpackend, akribisch, belastbar, begeisterungsfähig, beharrlich, dynamisch, diplomatisch, demütig, entschlossen, einfühlsam, eigeninitiativ, freundlich, fröhlich, flexibel, fördernd, führend, feinfühlig, friedfertig, fürsorglich, großzügig, gutmütig, geduldig, gelassen, gewissenhaft, gefühlvoll, hilfsbereit, humorvoll, hartnäckig, herzlich, hoch motiviert, höflich, humorvoll, innovativ, initiativ, konstruktiv, kontaktfreudig, kollegial, kommunikativ, kompromissbereit, kreativ, kritikfähig, kundenorientiert, loyal, lernbereit, lösungsorientiert, motiviert, mutig, menschlich, mitdenkend, natürlich, neugierig, offen, ordentlich, organisiert, pflichtbewusst, fantasievoll, planvoll, penibel, positiv, präzise, pragmatisch, proaktiv, produktiv, risikobereit, ruhig, reflektierend, respektvoll, routiniert, rücksichtsvoll, selbstbewusst, schnell, selbstständig, selbstdiszipliniert, sensibel, sicher, sorgfältig, souverän, sachlich, selbstbeherrscht, spontan, tolerant, versiert, umsichtig, unerschütterlich, unermüdlich, verantwortungsbewusst, vertrauenswürdig, vielseitig, verständnisvoll, vital, vorausschauend, warmherzig, weltoffen, wertschätzend, wissbegierig, zielstrebig, zugewandt, zupackend, zuverlässig.

## Liste mit Werten

Werte machen unser Leben wertvoll! Welche Werte sind für dich von besonderer Bedeutung? Was bedeuten sie für dich? Greife bei deiner Morgen- und Abendroutine auf diese Liste zurück, ebenso bei der Bearbeitung der Fragen, Aufgaben und Übungen in diesem Buch:

Achtsamkeit, Aufrichtigkeit, Authentizität, Autonomie, Barmherzigkeit, Bescheidenheit, Besonnenheit, Dankbarkeit, Demut, Disziplin, Ehrlichkeit, Fairness, Freiheit, Freude, Freundlichkeit, Freundschaft, Frieden, Fürsorglichkeit, Gastlichkeit, Gemeinschaft, Gerechtigkeit, Gesundheit, Glaube, Glaubwürdigkeit, Gleichheit, Güte, Harmonie, Heiterkeit, Herzlichkeit, Hilfsbereitschaft, Höflichkeit, Hoffnung, Humor, Idealismus, Individualität, Innovation, Inspiration, Integrität, Intuition, Kreativität, Langsamkeit, Lebendigkeit, Leistung, Liebe, Loyalität, Macht, Menschenrechte, Menschlichkeit, Mitgefühl, Mut, Nachhaltigkeit, Nächstenliebe, Natur, Offenheit, Optimismus, Ordnung, Fantasie, Pünktlichkeit, Respekt, Ruhe, Sauberkeit, Schönheit, Sicherheit, Sinn, Solidarität, Sorgfalt, Sparsamkeit, Spaß, Spiritualität, Stärke, Stille, Tapferkeit, Teamgeist, Toleranz, Transparenz, Tradition, Treue, Umweltschutz, Unabhängigkeit, Verantwortung, Vergebung, Vergnügen, Vernunft, Versöhnung, Vertrauen, Vitalität, Wahrhaftigkeit, Wahrheit, Wandel, Weisheit, Wertschätzung, Wohlstand, Würde, Zivilcourage, Zugehörigkeit, Zuverlässigkeit.

## Übung: Zwei-Wort-Sätze

Werte gewinnen für dich an Klarheit und Kraft, wenn du sie durch eine positive Verhaltensweise ergänzt:

Menschen stärken → Frieden stiften → Sicherheit geben
Wachstum ermöglichen → Schönheit schaffen → Gemeinschaft fördern
Freiheit leben → Natur erhalten → Bildung ermöglichen

Wie sehen deine Zwei-Wort-Sätze aus?

## Aufgabe Kinderfoto

Dazu kannst du dir folgende Fragen stellen: Was war dein schönstes Kindheitserlebnis? Womit hast du dich am liebsten beschäftigt? Wofür schlug dein Herz? Worüber hast du oft nachgedacht? Was brachte andere an dir zum Staunen? Was waren deine Hobbys? Welche Vorbilder hattest du? Welche Werte wurden dir von deinen Eltern vermittelt? Was ist dein bewusstes Selbstbild? Wie möchtest du dich selbst beschreiben? Wobei hast du die Zeit um dich herum vergessen? Womit würdest du dich heute beschäftigen, wenn du kein Geld mehr verdienen müsstest? Was ist das, was dich zu Tränen rührt? Auf welche Eigenschaften und Fähigkeiten wirst du häufig angesprochen? Worin besteht deine Einmaligkeit? Welche Talente hast du an dir selbst entdeckt? Was geht dir leicht von der Hand? Was wünschst du dir für die Welt, in der wir leben? Was wünschst du dir für die Menschen in der Welt/in deinem Unternehmen/in deinem Freundeskreis/in deiner Familie? Wo kannst du mit dem, was du liebst, und dem, was du kannst, einen echten Nutzen stiften?

## Aufgabe Timeline

Male deine »Lebenslinie« in dein schwarzes Büchlein oder auf ein DIN-A4-Blatt. Markiere nun auf deiner Lebenslinie Schlüsselereignisse (Beziehungen, Krankheiten, Bildung und Qualifikationen, Erfolge, Krisen, historische Ereignisse). Wann passierten wichtige Entwicklungsschritte in deinem Leben? Markiere jedes entscheidende Ereignis (mit einer Bezeichnung, einem Symbol oder einer Jahreszahl).

Um Schlüsselereignisse zu finden, helfen folgende Überlegungen: Wo waren die kritischsten Momente in meinem Leben? Wo war ich besonders erfolgreich?

Frage dich bei jedem Ereignis: Wie habe ich diesen kritischen Moment erfolgreich überwunden? Mit welchen Fähigkeiten? Welches konkrete Verhalten hat zum Erfolg geführt? Welche Fähigkeiten können mir heute bei der Bewältigung meiner Aufgaben helfen? Welche habe ich wiederentdeckt? Welche will ich noch entwickeln?

Timeline
mein Leben
Geburt
Krise
Das nehme ich mit!
Liebe
Glück
Heute
in 30 Jahren
Vision
Das hilft mir weiter

## Aufgabe: Grabrede

Bevor du beginnst, versuche herauszufinden, was du überhaupt alles zum Ausdruck bringen möchtest. Folgende Fragen werden dich dabei unterstützen:

Was waren die einschneidenden Ereignisse deines Lebens? Was hat dich als Mensch ausgemacht? Welche Werte waren für dich von großer Bedeutung? Was hat dir Halt gegeben? Hattest du ein Lebensmotto? Was willst du der Welt hinterlassen? Was war für dich im Nachhinein betrachtet das Wichtigste in deinem Leben? Was war der Sinn deines Lebens? Worauf schaust du gerne zurück? Welche Denkmäler, aber auch Mahnmäler sind durch das entstanden, was du in die Hand genommen hast? Welche Stärken und Vorlieben hattest du? Über welche Eigenschaften mussten deine Mitmenschen schmunzeln? Wie hast du die Rollen in deinem Leben (Ehemann/-frau, Mutter, Vater, Großmutter, Großvater, Tochter, Sohn, Freund, Kollege) ausgefüllt? Warst du ein Familienmensch oder eher ein Einsiedler? Ist dein Beruf auch deine Berufung gewesen? Welche Bedeutung hatte Karriere für dich? Was hättest du in deinem Leben am meisten vermisst, wenn es dir genommen worden wäre? Wie sehr hast du dich sozial engagiert? Hattest du Ehrenämter inne? Wofür bist du dankbar im Leben gewesen?

Aus deinen Antworten formulierst du den Text für deine Grabrede:

*Liebe Familie, liebe Freunde,*
*wir haben uns heute hier zusammengefunden,*
*um uns von (dein Name) zu verabschieden.*

......................................................................

......................................................................

......................................................................

......................................................................

......................................................................

......................................................................

......................................................................

......................................................................

......................................................................

......................................................................

......................................................................

......................................................................

......................................................................

......................................................................

......................................................................

......................................................................

......................................................................

......................................................................

......................................................................

......................................................................

......................................................................

......................................................................

......................................................................

......................................................................

......................................................................

......................................................................

*Wir sind froh, (dein Name) in unserem Leben gehabt zu haben, und hatten das Glück, ein Stück ihres/seines Lebens mit ihr/ihm gemeinsam gegangen zu sein. Ihre/Seine Art, in jeder Situation ein Geschenk zu sehen, trägt uns in Momenten, in denen wir traurig sind, dass sie/er nicht mehr bei uns ist. Sie/er wird uns sehr fehlen.*

## Beispiel: Liebesbrief

(Der Brief kann natürlich auch an eine männliche Person geschrieben werden.)

*Liebe ____________,*
*seitdem wir uns vor __ Jahren zum ersten Mal begegnet sind, durfte ich an dir viele tolle Stärken, Talente und einzigartige Eigenschaften entdecken: Du bist einfach ein Sonnenschein, eine Optimistin und Mutmacherin, immer aufmerksam, offenherzig und zuvorkommend. Aufmunternd, einfühlsam, herzlich. Du bist wahnsinnig positiv, hast eine echte Wohlfühlaura und etwas wunderbar Natürliches. Deine freundliche Art und Herzlichkeit sind ansteckend. Wenn es mehr Menschen mit deinem Wesen auf der Welt gäbe, dann würde die Welt lächeln. Danke, dass es dich gibt.*

*Dein(e)*

## Praktische Begleitung

Passend zu den monatlichen Schwerpunkten dieses Buchs finden zu Beginn jedes Monats zweitägige Impulsworkshops im Upleven statt, in denen eine Einführung und Vertiefung in die jeweiligen Monatsschwerpunkte erfolgt. Mehr Informationen erhältst du unter:

www.upleven.de

# Loslassen und handeln statt grübeln und klagen

Janssen B.
**Eine Frage der Haltung**
ISBN 978-3-424-15415-3

Mitte März 2020: Corona-Pandemie. Lockdown. Die 89 Upstalsboom-Hotels müssen schließen. Die Existenz von Bodo Janssens Unternehmen und seiner Mitarbeiter steht auf dem Spiel. Janssen erlebt, wie sich sein Unternehmensstil und sein Wertesystem jetzt bewähren: Die Mitarbeiter ergreifen von selbst die Initiative und entscheiden, was in welcher Priorisierung umzusetzen ist. Bodo Janssens Bilanz: Wir sind in der Krise beweglicher und selbstbewusster geworden und gestärkt daraus hervorgegangen. Ein sehr persönliches Buch, dessen Einsichten weit über die Corona-Situation hinaus auf Krisen jeder Art anzuwenden sind, alltägliche ebenso wie existenzbedrohende. Der Weg eines spirituell orientierten Managers, der konsequent den Weg einer nachhaltigen und humanen, dem gemeinschaftlichen Nutzen verpflichteten Wirtschaft verfolgt!

ARISTON